Collection créée par HENRI MITTERAND

Patrick Pigeon
Maître de conférences à l'université de Savoie

Marc Robin
Maître de conférences à l'université de Nantes

Cartes commentées et croquis

MÉTHODE ET EXEMPLES

sous la direction de
Jean-Robert Pitte

D1719884

NATHAN

© Éditions Nathan, 1993.
© Nathan/HER 2000
21, rue du Montparnasse 75006 Paris
ISBN : 2.09 1911216
Internet : http://www.nathan-u.com

Introduction

Cet ouvrage s'adresse à tous les étudiants qui sont amenés à pratiquer le commentaire de carte, depuis la première année du D.E.U.G. jusqu'au C.A.P.E.S. Les agrégatifs pourront également l'utiliser, à cette réserve près qu'ils devraient, dans certains cas, développer les parties physiques, notamment lorsque la reconstitution de l'évolution géomorphologique s'impose. Les caractéristiques mêmes du type d'épreuve justifient un public aussi étendu, comme ont pu le constater les auteurs lors de leurs enseignements à tous les niveaux et dans plusieurs établissements : universités, E.N.S., I.U.F.M., classes préparatoires des lycées. L'idée de ce travail y est née des problèmes qui se sont posés à de nombreux étudiants : nul doute que, sans eux, ce livre n'aurait jamais vu le jour.

L'exercice, en effet, apparaît délicat en ce sens où il porte sur des cartes topographiques mais aussi sur divers documents d'accompagnement qui permettent de guider le commentaire ou de pousser l'étudiant à préciser certaines hypothèses. Sans une compréhension minimale de l'objet qu'étudie le géographe et des méthodes employées pour le faire, l'étudiant ne peut présenter de travail correct. C'est bien là le problème majeur pour les étudiants du D.E.U.G, mais aussi tout l'intérêt de l'exercice, puisqu'il permet sur-le-champ de vérifier l'aptitude géographique du candidat. Aussi cette introduction aborde-t-elle le problème de fond avant de préciser quelques points de méthode et de présenter la structure du livre.

Une compréhension minimale de l'objet et des méthodes géographiques est indispensable.

Qu'étudie le géographe et avec quelles méthodes ? Ces questions fondamentales peuvent recevoir des réponses nuancées, qui nécessiteraient des développements épistémologiques sans objet ici : pour les besoins des étudiants confrontés au commentaire de carte, il est nécessaire de poser des définitions simples et claires, tout en sachant qu'il s'agit d'une base sur laquelle les plus avancés d'entre eux devront ultérieurement réfléchir. Ce que BEAUJEU-GARNIER écrit en 1971, après de nombreuses années de recherche sur ce thème, invite à la modestie : « Au terme de ces réflexions essentiellement méthodologiques, je me sens prise de scrupule et d'effroi devant tout ce qu'il aurait fallu dire et que ce petit volume ne renferme que par allusions. » Posons donc, suivant le même auteur, que le géographe étudie des « faits concrets inscrits à la surface de la Terre ». Il décrit leur répartition, qu'il cherche à expliquer. Pour ce faire, il recourt à des hypothèses qui nécessitent l'apport de disciplines voisines, principales ou secondaires. Par exemple, sans la physique, la climatologie resterait descriptive, c'est-à-dire, à notre sens, non géographique. Mais elle peut aussi s'adresser à l'économie, à la sociologie, au droit, indispensables à la compréhension des croissances urbaines alors que les villes modifient le climat local. Concluons ce point essentiel par une citation de RIMBERT (1973) : « La géographie est une synthèse de relations spatiales [...]. Parce qu'elle se veut synthétique, la géographie est une anti-spécialité : elle oblige donc le chercheur à faire appel à toutes les disciplines qui lui sont nécessaires pour expliquer le paysage présent. » Or, la carte topographique symbolise les paysages.

L'expérience prouve que l'application de ces principes demeure très délicate. C'est la raison pour laquelle les plans proposés dans les exemples qui suivent insistent vigoureusement sur la démarche géographique. Plus même, il nous a semblé utile de la faire apparaître dans les légendes des croquis, du reste imposés par les jurys des concours. Elles sont systématiquement structurées et démonstratives, selon les deux points suivants :

1. Description d'une ou de plusieurs répartitions spatiales caractéristiques de la carte.

2. Interprétation des faits constatés en développant un faisceau d'hypothèses liées, ce qui nécessite le recours à des disciplines voisines : par exemple, l'économie, la géologie, l'histoire, la botanique, le droit...

Conseils de méthode

Ils peuvent être présentés en cinq points, qui permettent d'éviter les pièges principaux.

1. Il faut conserver la démarche de fond à l'esprit : elle permet d'éviter à coup sûr le hors-sujet, la confusion entre la géographie et les disciplines voisines. En particulier, elle amène à souligner que la carte topographique représente forcément le cœur du sujet, et surtout pas l'un quelconque des documents joints (statistiques, textes, cartes géologiques, pédologiques, par exemple). Elle seule permet de poser

une problématique qui tend à interpréter une répartition de faits propre à l'espace local qu'elle symbolise. Cela nous amène au deuxième piège.

2. Si la démarche de fond reste identique, cela ne signifie pas que tout commentaire doit être traité selon un plan standard, bien au contraire. L'analyse de la carte fait ressortir l'originalité du document en question en dégageant des centres d'intérêt. Pour les retrouver, il existe au moins trois méthodes :

– La première utilise la localisation de la carte à plusieurs échelles, qui apparaît dès l'introduction. Une carte qui représente une partie des Landes, de la Champagne ou de la Côte d'Or *peut* révéler immédiatement des centres d'intérêt préférentiels, dont on vérifie la présence ou l'absence sur la carte ; la forêt landaise et son exploitation, l'openfield remembré ou bien le vignoble de réputation mondiale qui donne son nom au département.

– Une deuxième méthode, classique, consiste à regarder le document en prenant du recul afin de dégager les différences de teintes qui peuvent révéler des contrastes de paysages ruraux, de reliefs ou une population inégalement répartie. Il est utile de comparer deux documents d'édition différente afin de faire apparaître d'éventuelles modifications de répartition : extension de la friche, du bâti, évolution démographique communale, par exemple.

– Enfin, on peut parcourir les documents d'accompagnement pour deviner quels peuvent être les centres d'intérêt principaux. Mais cette démarche doit être accomplie rapidement, et elle peut se révéler dangereuse – tous les documents ne sont pas d'intérêt égal, et il faut proscrire une problématique qui ne soit pas suscitée par l'analyse de la carte elle-même

3. Les centres d'intérêt principaux étant repérés – rappelons qu'ils diffèrent pour chaque carte –, il convient de dégager une ou plusieurs problématiques qui portent toujours sur une ou plusieurs répartitions spatiales propres au document étudié. La problématique, série de questions qu'il faut poser à partir de l'analyse de la carte, constitue le cœur du commentaire. Elle appelle des interprétations qui utilisent les documents d'accompagnement, sans négliger la carte de base elle-même. Tout ce qui est avancé ne doit pas l'être *a priori*, dans l'absolu, mais déduit des documents présents. Ceux-ci doivent faire l'objet d'une lecture critique, tout particulièrement en ce qui concerne les statistiques. On ne conseillera jamais assez aux étudiants avancés de prendre garde aux documents sans intérêt, dont la présence a pour seul objet de tester leur esprit critique.

4. Vient alors le moment de réfléchir au choix du croquis. Il peut porter sur toute la carte ou sur une partie, mais sa légende doit être soigneusement construite, réfléchie, et adaptée au sujet. Il convient que la légende soit terminée, et les symboles prédéfinis, avant de passer à la réalisation graphique. On trouvera dans ce livre plusieurs exemples qui montrent combien les possibilités sont ouvertes, tout comme pour le plan du commentaire lui-même, à condition que la démarche géographique soit respectée.

5. La rédaction n'appelle que quelques remarques :

– Le titre des parties correspond au raisonnement : il faut absolument proscrire des titres tels que « Description de la carte » ou « Interprétation » qui traduisent crûment la démarche de fond, mais aussi la paresse de la réflexion. Il faut le répéter : la démarche de fond est indispensable, mais elle doit être adaptée à l'étude de l'espace particulier que présente la carte. CHAMUSSY (1989) rappelle nettement que « sans spécificité des espaces, il n'y a pas de science géographique ».

– La conclusion synthétise les résultats qu'a obtenus le commentaire et s'efforce d'en montrer l'intérêt par rapport aux connaissances générales sur l'espace étudié.

Structure et utilisation du livre

Les douze exemples ont été choisis de manière telle qu'ils couvrent l'essentiel des thèmes abordés par les cartes françaises. Ils ont été répartis entre les deux auteurs en deux ensembles. Le premier regroupe six exemples à faible présence humaine : 1) Toul, 2) Chinon, 3) Beaune, 4) Challans, 5) Argelès, 6) Chamonix ; le second comprend les six autres marqués par une très forte urbanisation : 7) Béthune, 8) Mulhouse, 9) Corbeil, 10) Grenoble, 11) Dunkerque, 12) Nice. Dans les deux cas, cette présence humaine traduit des exploitations successives du cadre physique inégalement différencié selon les exemples.

Marc Robin a traité Beaune, Chinon, Challans, Corbeil-Essonnes, Béthune, Dunkerque ;

Patrick Pigeon, Toul, Chamonix, Argelès-sur-Mer, Mulhouse, Grenoble et Nice.

Cet ouvrage nécessite la consultation des cartes mentionnées : travailler sans les documents sous les yeux ne permettra pas de progression rapide et va à l'encontre d'une préparation efficace à ce type d'épreuve.

L'usage d'un dictionnaire de la géographie, voire d'un atlas, est vigoureusement conseillé. Le livre ne dispense évidemment pas d'un travail personnel sur d'autres documents, qui devrait suivre l'étude des cas proposés.

Bibliographie

BEAUJEU-GARNIER J., *La Géographie : méthodes et perspectives,* Masson, Paris, 1971, 141 p.
CHAMUSSY H., « À propos de la spécificité des espaces de montagne », *Rev. Géogr. Alp.,* 77 (1-2-3), 1989, p. 243-257.
RIMBERT S., *Les Paysages urbains,* A. Colin, Paris, 1973, 240 p.

Chapitre 1

Cartes de Toul

Documents à consulter :

Cartes topographiques I.G.N. à 1/50 000, éd. de 1958 et 1990 (documents principaux).
Carte géologique au 1/50 000, 3ᵉ éd., 1984.

Documents présentés :

Document 1 : Croquis de localisation.
Document 2 : Extraits des fiches communales de l'I.N.S.E.E. pour Toul, Velaine-en-Haye, Bruley.
Document 3 : Texte extrait de PELTRE J. et THOUVENIN M., « La Haye et le Toulois », in *Géographie de la Lorraine*, Presses universitaires de Nancy, Éditions Serpenoise, 1983, 633 p.
Document 4 : Coupe géologique de la côte de Meuse.
Document 5 : Carte extraite de PELTRE J. et THOUVENIN M., *op. cit.* p. 507.
Document 6 : Croquis principal.
Document 7 : Carte in VIDAL DE LA BLACHE P., *Tableau de la géographie de la France*, Hachette, rééd. 1979, p. 378.
Document 8 : Carte in BRAUDEL F., *L'Identité de la France*, Flammarion, 1986, t. II, p. 280.

Document 1. Croquis de présentation.

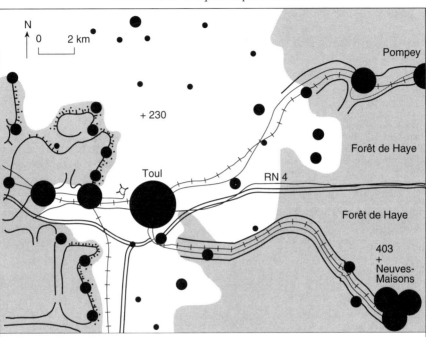

1 - Une organisation de l'espace rural en relation avec la disposition générale nord-sud du relief.

● ⬤   Villages, de population (1990) : inférieure à 300 (a) ; supérieure à 300 habitants (b)

On observe une relation entre le semis de villages et :

la côte de Meuse, les vergers et vignobles associés (villages > 300 habitants)

+ 230   La dépression de Woëvre, dominée par le paysage d'openfield
Les villages sont en général < 300 habitants, sauf à l'est. Point coté en mètres

///   Les plateaux boisés et disséqués, sans chef-lieu de finage, en dehors de la vallée de la Moselle

2 - La répartition des villes fait ressortir une organisation de l'espace apparemment latitudinale.

a   b

Villes de population (1990) supérieure à 10 000 habitants (a)
inférieure à 10 000 habitants (b)

On observe une relation entre la répartition de ces villes et :

——   Les vallées de la Moselle et de l'Ingressin

⊢—+—   Les voies ferrées principales

——   La route nationale 4

—●—   Les autoroutes et leurs échangeurs

La carte de Toul est située en Lorraine, dans le département de Meurthe-et-Moselle, à l'ouest de Nancy. Cette localisation permet de retrouver sur le document deux centres d'intérêt fondamentaux, et un très secondaire :

– Des paysages ruraux marqués par l'openfield, dont la répartition coïncide avec celle du relief, évoquant ainsi les « paysages rythmés » de la géographie française classique. La côte de Meuse, la dépression de Woëvre, le plateau de Haye, annonciateur de la côte de Moselle, apparaissent successivement d'ouest en est sur cette carte, selon une *organisation longitudinale* du relief et des paysages ruraux.

– L'importance de la présence militaire, associée à la notion de *passage* et à la *ville de Toul*. Nous sommes ici sur une ancienne marche entre la France et l'Empire. Un axe de communication est-ouest apparaît sur la carte, utilisant la vallée de l'Ingressin, et cet axe a été privilégié puisqu'il cumule plusieurs modes de transport. Voie d'invasion potentielle, il a été aussi sévèrement contrôlé, surtout depuis le traité de Westphalie. N'oublions cependant pas qu'à petite échelle la vallée de la Moselle correspond à un axe nord-sud et qu'une autoroute assure la liaison entre la Lorraine et la Bourgogne sur la carte de 1990.

– Le thème lorrain de la sidérurgie ou de l'extraction minière apparaît sur la carte soit plus marginal (aciéries de Neuves-Maisons), soit aujourd'hui absent.

La confrontation des localisations et des thèmes effectivement présents sur la carte permet de proposer un plan : celui-ci est organisé autour de deux problématiques successives, en relation avec la synthèse des centres d'intérêt principaux :

1. Celle qui est liée à l'organisation de l'espace rural et à son évolution. Le thème majeur du cadre physique s'y trouve associé pour partie.

2. Celle qui est associée à la répartition des villes et à la compréhension de leurs particularités en relation avec le rôle des axes de communication. Comme ils suivent encore les vallées, on y retrouve le cadre physique.

Le *document 1* fait ressortir ces deux grilles de lecture, déduites de ce que présente la carte topographique. Ce document, purement analytique, descriptif, n'est pas géographique, au sens strict, mais il appelle une réflexion qui le sera.

1. L'organisation longitudinale de l'espace rural et son évolution : des « paysages rythmés »

Nous constaterons une répartition préférentielle, une évolution inégale de la population et des activités rurales. Elles doivent être interprétées.

1.1. Une localisation préférentielle de la population rurale sur la Côte et en Woëvre

A — Le croquis de présentation *(doc. 1)* fait d'abord apparaître une répartition linéaire de villages ayant une population supérieure à 300 habitants, le long de la côte de Meuse. On constate ensuite un semis de villages dans la dépression de Woëvre, avec une population en général inférieure à 300 habitants et une répartition en apparence plus aléatoire.

B — La carte permet d'individualiser deux types de finages : le long de la Côte, des finages étirés, transversaux au relief (finage de Bruley) ; dans la dépression, des finages ovoïdes (par exemple, celui de Bouvron).

C — On remarquera enfin que le semis de villages de la dépression est plus développé au nord qu'au sud, tout comme la dépression elle-même *(doc. 1)*.

1.2. L'évolution du bâti et de la population privilégie l'est de la carte

A — La comparaison des chiffres de population des éditions de 1958 et de 1990 montre une stagnation générale de la population rurale à l'ouest et une progression à l'est. Cette constatation est confirmée par la comparaison de la structure par âge pour trois communes de la carte en 1990. Bien que ces statistiques ne donnent, comme toujours, qu'un ordre de grandeur — d'ailleurs le cumul des pourcentages n'aboutit pas à 100% sur le document officiel ici reproduit —, Velaine-en-Haye présente un pourcentage de population supérieure à soixante ans nettement inférieur à ceux de Toul et de Bruley. On doit prendre garde au fait que l'échantillon réduit empêche de contrôler s'il s'agit d'une exception ou d'une opposition généralisée entre l'est et l'ouest de la carte *(doc. 2)*.

Document 2 : Structure par âge de la population
pour 3 communes de la carte (1990)

Données démographiques 1990			
R.G.P. 1990	Bruley	Toul	Velaine
Moins de 20 ans	36 %	32 %	35,1%
20 à 39 ans	28%	33,4%	33,5%
40 à 59 ans	22,3%	20,6%	24,2%
60 à 74 ans	13,7%	14%	7,3%
75 ans et plus	5,6%	5,1%	1,8%

Source : Extraits des fiches communales de l'I.N.S.E.E. pour Toul, Velaine-en-Haye, Bruley.

B — Le bâti connaît une forte évolution à Velaine-en-Haye, tandis qu'elle est plus limitée à Bruley.

C — Aucune trace importante de déprise agricole n'apparaît. On remarque, en comparant les deux cartes, le maintien des vignobles ou vergers, mais aussi des indices de remembrement en Woëvre ou sur le plateau de Haye (finage de Velaine-en-Haye).

Comment expliquer :
1. La répartition inégale du peuplement ?
2. La plus forte évolution de la population et du bâti à l'est ?
3. Les faibles traces de déprise agricole ?

1.3. Les héritages de l'exploitation du cadre physique par une société agropastorale européenne

A — La répartition des villages correspond à l'ancienne volonté d'utiliser au mieux des terroirs complémentaires. C'est sur l'escarpement que cette volonté trouve les meilleures réponses physiques, ce d'autant plus que l'exposition y favorise la culture de la vigne. On peut y voir l'explication essentielle concernant les formes des finages, comme la répartition préférentielle des villages en ligne, le long de l'escarpement.

B — Il faut prendre garde à ne pas exagérer l'importance des sollicitations physiques au peuplement. Des structures foncières, les propriétés nobiliaires des maîtres de forges qui protégeaient la forêt à des fins cynégétiques ou économiques pour l'exploitation du charbon de bois, permettent aussi de comprendre le maintien de la forêt sur les plateaux. Que la déforestation soit juridiquement interdite s'imposait : le *document 3* souligne combien l'occupation des plateaux lorrains par des sociétés rurales dotées de moyens techniques limités était plus facile.

Document 3 : Les conditions de la mise en culture lorraine.

« Cependant, la sélection des meilleurs terroirs en faveur de l'agriculture ne s'est pas faite au cours des âges en fonction du seul critère de la fertilité. On discerne, en effet, en maints endroits sous forêt, sur des sols très minces, les traces indiscutables d'une activité agricole fort ancienne pratiquée jadis par des cultivateurs techniquement très démunis, recherchant de préférence des terres faciles à travailler. Longtemps après et en dépit de leur pauvreté, elles ont servi, sur la marge des bans villageois, à créer quelques fermes champêtres au cœur ou à l'orée des solitudes forestières. Elles sont aujourd'hui plus convoitées que jamais car l'agriculture les dispute, non à la forêt, très protégée, mais aux boqueteaux et à la friche sous l'effet cumulé d'une "faim de terre" aiguë, d'un retour en force des céréales et d'une efficacité technique impressionnante. Pour gagner quelques hectares d'emblavures, on n'hésite pas à mettre en œuvre de puissants moyens pour augmenter l'épaisseur de la couche arable, au détriment de la table calcaire sous-jacente. On a même reconquis entre les deux guerres, et non sans risques, les terres agricoles de la "zone rouge", de part et d'autre de l'ancienne ligne de feu du "saillant de Saint-Mihiel" et du Bois le Prêtre, jalonnée par les villages-martyrs de Flirey, Limey, Fey-en-Haye, Remenauville et Regnéville, ces deux derniers entièrement détruits et non reconstruits. »

Source : Extrait de PELTRE J. et THOUVENIN M., « La Haye et le Toulois »,
in *Géographie de la Lorraine*, Nancy, Éditions Serpenoise, 1983, 633 p.

C — Il n'en reste pas moins que la répartition actuelle du peuplement est héritée de périodes où l'attention aux différenciations physiques de terroirs était plus vive qu'aujourd'hui. Interpréter ces différences de répartition, comme celle qui tient au peuplement plus limité de la dépression au sud de la carte, exige dès lors une compréhension minimale des conditions physiques proposées à l'exploitation humaine. L'analyse géomorphologique s'impose.

1.4. L'importance des héritages géomorphologiques pour le peuplement régional

Sur le *document 4,* l'escarpement correspond à une cuesta et la dépression à une dépression orthoclinale. Le revers de la cuesta a été tranché par une surface d'aplanissement post-jurassique, qui a réduit peu à peu l'épaisseur conservée des calcaires vers l'est, et dont il reste de rares témoins (les sommets d'interfluve du bois de Romont, par exemple). L'érosion différentielle a exploité par la suite le contraste entre les argiles imperméables, affouillables par le ruissellement, et les calcaires poreux, dont le recul plus lent, inégal, a livré à la fois le front de la cuesta et la dépression périphérique. Sa largeur est fonction de l'épaisseur des argiles de la Woëvre, mais aussi des pendages qui les affectent. Au sud de Toul, une flexure individualisée par des pendages plus forts explique la bande d'affleurement plus limitée des argiles sur la carte géologique, donc aussi la largeur de la dépression. On voit combien la différenciation des terroirs, qui a guidé en partie les premières phases de peuplement, dépend de l'évolution géomorphologique. Ces hypothèses peuvent partiellement rendre compte des répartitions principales du peuplement, mais non de son évolution actuelle.

Document 4. Coupe dans la côte de Meuse.

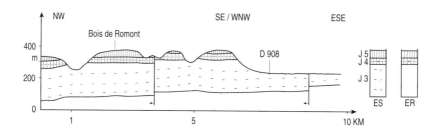

1.5. Les effets de la rurbanisation expliquent les différences d'évolution du peuplement et du bâti

A — L'évolution de la population à l'est, comme du bâti, se trouve expliquée par la proximité de Nancy. Seule une métropole peut susciter des aménagements semblables à ceux de Velaine : centres commerciaux, équipements de loisir, centres de recherche ou administrations. Les communes de l'est de la carte bénéficient de l'attrait qu'exerce la forêt pour les rurbains, d'où une structure par âge de la population qui fait ressortir sa jeunesse relative.

Document 5. Toul et la côte de Meuse.

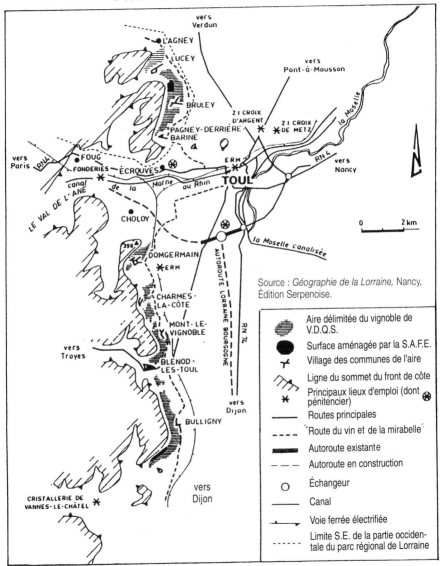

Source : *Géographie de la Lorraine*, Nancy, Édition Serpenoise.

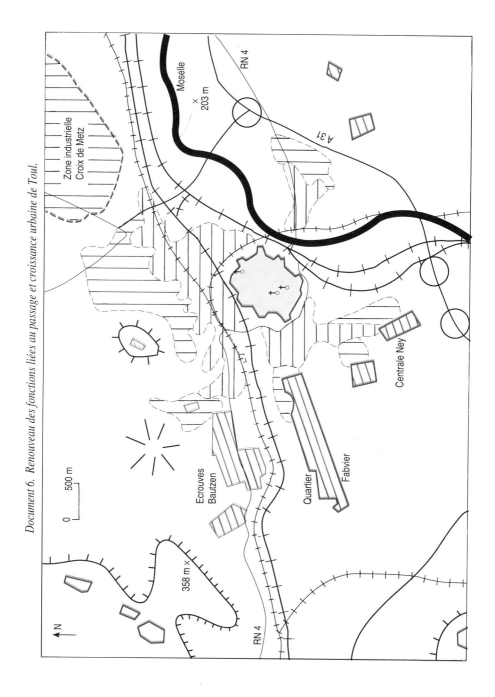

Document 6. Renouveau des fonctions liées au passage et croissance urbaine de Toul.

Légende du croquis page ci-contre

1- Un site de passage et pourtant une croissance urbaine faible, déséquilibrée

A - Propositions physiques au passage

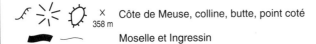

Côte de Meuse, colline, butte, point coté
358 m

Moselle et Ingressin

B - L'exploitation humaine : faisceau de voies de communication

RN 4   Route nationale 4

Voies ferrées et gares

Canaux

C - Une croissance urbaine limitée jusqu'en 1958, puis déséquilibrée

Centre-ville

Faubourgs antérieurs à 1958 ; faible densité du bâti

Quartiers développés entre 1958 et 1990

Pourquoi cette croissance urbaine limitée et déséquilibrée vers le nord-est, alors que de nombreuses voies de communication, exploitant le passage et favorisant les échanges, existent ?

2 - Le renouveau des fonctions exploitant le passage

A - Le blocage de la croissance urbaine par le contrôle militaire prépondérant du passage

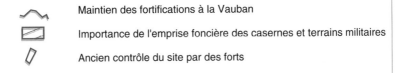

Maintien des fortifications à la Vauban

Importance de l'emprise foncière des casernes et terrains militaires

Ancien contrôle du site par des forts

B - Le renouveau de l'exploitation du passage

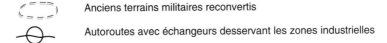

Anciens terrains militaires reconvertis

Autoroutes avec échangeurs desservant les zones industrielles

Document 7. Voies romaines, d'après l'itinéraire d'Antonin.

Source : Vidal de la Blache P., *Tableau de la géographie de la France*, Hachette, réédition 1979, p. 378.

B — La rurbanisation contribue à expliquer la faiblesse des traces de déprise agricole : les villages maintiennent généralement leur population et leurs services, mieux que dans les zones rurales profondes. Les structures foncières associées au paysage d'openfield sont améliorées grâce au remembrement, probablement facilité par les départs à la retraite de quelques chefs d'exploitation agricole.

C — L'éloignement de Nancy et le rayonnement plus modeste de Toul pourraient rendre compte de l'évolution démographique à Bruley. Il faudrait également vérifier si les communes de l'escarpement n'ont pas protégé leurs sites du mitage par un plan d'occupation des sols restrictif, ce que la présence des vergers et du vignoble rend possible, d'autant plus qu'il est classé en vins de qualité supérieure (*doc. 5*).

On remarque ainsi que les secteurs de la carte apparemment les plus répulsifs à l'établissement agricole, où domine la forêt, peuvent être plus fortement touchés par les effets de la rurbanisation. Ils le doivent à leur situation, mais aussi à la présence de la forêt. Le golf de Nancy-Aingeray en témoigne sur la carte de 1990. Cette relativité des relations entre le cadre physique et ses exploitations humaines se retrouve avec l'étude des villes et des axes de communication.

2.   Les villes marquées par l'exploitation renouvelée du passage

2.1. Un développement urbain limité et en croissance inégale

A — La carte (*voir p. 8*) ne présente que de petites villes : même Toul n'atteint pas les 20 000 habitants sur la carte de 1990.

B — Ces villes connaissent une évolution démographique inégale : Pont-Saint-Vincent, au sud-est de la carte, n'a pas vu sa population croître entre les deux éditions, contrairement à la poussée démographique récente de Liverdun, et sutout de Toul.

C — Les morphologies urbaines confirment bien le caractère récent de ces poussées démographiques, entre autres par les lotissements de la Champagne et de Toulaire à Liverdun, absents sur la carte de 1958. À Toul, le *document 6* fait apparaître le maintien des fortifications à la Vauban et la quasi-inexistence d'un quartier de la gare, indices d'une croissance urbaine insignifiante jusqu'à ces dernières décennies. Pourtant, le centre-ville témoigne d'un développement antérieur aux fortifications, qui fut important : la densité des bâtiments religieux évoque le passé de l'ancien évêché.

D — Enfin, il faut signaler les déséquilibres des croissances urbaines récentes. Le croquis de Toul montre une croissance préférentielle vers l'est et surtout le nord-est (*doc. 6*).

Comment expliquer :
1. Le développement urbain limité ?
2. La croissance urbaine très irrégulière de Toul ? D'abord importante, elle a été freinée, puis connaît un renouveau récent, ce que fait apparaître la morphologie urbaine.
3. Les déséquilibres spatiaux de cette croissance urbaine récente ?

Document 8. Les routes de poste en 1682.

Source : in BRAUDEL F., l'Identité de la France,
Flammarion, 1986, p.280.

2.2. L'utilisation inégale et renouvelée du passage

A — Les petites villes du sud-est de la carte ont vu un développement industriel en relation avec les ressources locales : l'exploitation du minerai de fer de l'Aalénien est rappelée par la toponymie du « val de Fer » sur la commune de Neuves-Maisons. Elle bénéficiait initialement de la proximité du charbon de bois (bois du Four et route du Charbonnier en 876-2411). La canalisation de la Moselle montre symboliquement combien la sidérurgie de Neuves-Maisons dépend de l'axe nord-sud.

B — La croissance urbaine actuelle limitée de ces mêmes villes est imputable à l'industrialisation. Tout comme à Liverdun, la croissance urbaine fuit la vallée, sa voie ferrée et ses trois usines pour établir des quartiers de migrants pendulaires sur le plateau, à proximité de la forêt. L'influence de Nancy, discriminante en fonction des sites, exerce un rôle beaucoup plus important sur la croissance urbaine que l'axe de la Moselle.

C — D'après le *document 7*, la croissance initiale de la ville de Toul (*Tullum*) apparaît imputable à l'exploitation de l'axe sud-nord, qui, parmi les voies romaines, constituait un axe majeur entre Cologne, Trèves et Lyon. Dans l'exploitation initiale du carrefour, visible sur ce document, le primat a été accordé par l'envahisseur romain à l'axe méridien. Loin du *limes*, il constituait un axe avant tout commercial.

D — Le développement ultérieur limité de la ville de Toul n'est pas indifférent à la forte présence de l'activité militaire. Le *document 6* montre l'emprise de ce type de terrains, qui a permis le maintien tardif des remparts. La croissance urbaine en apparaît bloquée. Le site de Toul, commandant l'entrée du val de l'Ane et l'une des routes vers Paris, dont l'importance croissante, après l'incorporation française, est attestée par le *document 8*, a été exploité dans un objectif avant tout défensif. La capture de la Moselle comme la butte-témoin du Mont-Saint-Michel ont facilité cette exploitation humaine du site par rapport aux nouveaux enjeux qui naissaient de la situation. Cette capture est attestée par la disproportion entre l'Ingressin et sa vallée, l'indice topographique étant confirmé par la notice de la carte géologique : les alluvions « Fy » situées dans la vallée de l'Ingressin contiennent des éléments cristallophylliens d'origine vosgienne. Il s'agit des alluvions associées à un ancien cours de la Moselle.

E — La croissance récente et déséquilibrée de la ville s'explique logiquement par le desserrement de la contrainte militaire. L'axe menant vers Paris ne nécessite plus un contrôle aussi contraignant au regard des techniques de guerre. Une base militaire a été transformée en zone industrielle au nord-est de la ville. Elle est reliée par une voie rapide à l'autoroute qui joint Nancy à Dijon et Lyon. Il n'est pas étonnant de constater que la croissance urbaine préférentielle de Toul est dirigée également vers le nord-est, vers la zone industrielle, ou les échangeurs (Dommartin-lès-Toul). La construction européenne facilite le renouveau de l'intérêt pour l'axe méridien.

Conclusion

Trois éléments peuvent être soulignés :

1. En ce qui concerne la méthodologie pure, on constatera que le commentaire de cette carte, qui correspond bien au modèle classique du document dit de contact entre plusieurs espaces bien individualisés, diffère de celui de la carte de Beaune. Le plan doit être adapté aux centres d'intérêt présents sur chacun des documents, lesquels varient.

2. Notons l'évolution des rapports entre les propositions du cadre physique et les expoitations rurales qui en sont faites. La rurbanisation relaie l'intérêt humain porté initialement à la côte de Meuse et contribue à maintenir indirectement l'activité agricole. La proximité de Nancy révèle un intérêt plus marqué des rurbains pour les villages en lisière de la forêt de Haye, alors que, pour des raisons pédologiques et surtout foncières, le peuplement y avait été peu favorisé. La répartition actuelle des villages sur la carte le montre.

3. La morphologie urbaine de Toul reflète aussi les exploitations successives du site, issu des héritages géomorphologiques, en fonction des centres d'intérêt humains qui évoluent. La ville, née de l'échange associé au carrefour que proposait le site, a vu son développement entravé par l'exploitation militaire et par la valorisation de l'axe est-ouest lors de son incorporation à l'espace français. La croissance récente peut être expliquée, à l'inverse, par le desserrement partiel de la contrainte militaire, lié à l'évolution des techniques de guerre, comme par le regain d'intérêt pour l'axe méridien dans le cadre d'une Europe en voie d'unification.

Cartes de Bourgueil Fontevraud-l'Abbaye et Chinon Ussé

Documents à consulter :

Carte à 1/25 000 de Bourgueil Fontevraud-l'Abbaye.
Carte à 1/25 000 de Chinon Ussé.
Carte à 1/50 000 de Chinon.
Carte géologique de Chinon à 1/50 000.

Documents présentés :

Document 1 : NOIN D., « L'Organisation régionale de la France », *L'Espace français*, A. Colin, 1976, 5ᵉ éd., p. 114-115.

Document 2 : Coupe à travers l'anticlinal de Chouzé-sur-Loire, *Val de Loire, Anjou, Touraine, Orléanais, Berry, Guides géologiques régionaux*, Masson, 1976, p. 93.

Document 3 : Texte tiré de BIENVENU J.-M., *L'Étonnant Fondateur de Fontevraud, Robert d'Arbrissel*, Nouvelles Éditions latines, 1981, p.79.

Document 4 : Texte tiré de VIDAL DE LA BLACHE P., *Tableau de la géographie de la France*, 1ʳᵉ éd., Hachette, 1903, p. 166.

Document 5 : Écrêtement de la taxe professionnelle pour les communes concernées par la centrale nucléaire de Chinon, répartition 1991.

Document 6 : Coupe dans la terrasse de Bourgueil, *Terroirs et Vins de France*, B.R.G.M., p. 309.

Document 7 : Les routes anciennes, GRAS J., *De la vallée d'Anjou au plateau du Baugeois, étude de géographie régionale*, thèse complémentaire, Centre national de la recherche scientifique, 1963, p. 125.

Document 8 : Levées entre Langeais et Nantes, DION R., *Histoire des levées de la Loire*, 1961, p. 213.

Document 9 : Croquis principal.

Les cartes à 1/25 000 de Bourgueil Fontevraud-l'Abbaye et de Chinon Ussé reprennent la carte de Chinon à 1/50 000. Elles présentent une région à la limite occidentale de la Touraine et à la limite orientale de l'Anjou, sous l'influence directe de deux villes importantes – Tours, à l'est, Angers, à l'ouest – et sous l'influence atténuée de Paris et de Poitiers *(doc. 1)*. Cette région est traversée, d'est en ouest, par le Val de Loire qui s'incise dans des plateaux. L'opposition entre les plateaux portant un paysage désolé de gâtines, souvent qualifié de « bures », et un large Val aux riches terroirs de terrasses, varennes et montilles, bordé par un talus très anciennement exploité constitue le thème majeur de la carte. Le commentaire doit préciser l'origine de cette opposition flagrante liée à des conditions pédologiques particulières : stérilité des plateaux par la présence d'une argile à silex, richesse et variété des terroirs du Val venant de la variété des alluvions actuelles ou anciennes déposées par le fleuve. Le commentaire doit de plus insister sur cette variété en distinguant le Val des terrasses du Val maîtrisé par la construction des levées protégeant les terroirs des varennes. Il doit aussi souligner la dimension historique du Val qui recèle un riche patrimoine de l'histoire de France. On doit s'interroger sur la notion de continuité dans l'occupation et l'exploitation des sites depuis la période romaine ainsi que sur la rupture de logique d'occupation que l'on trouve en d'autres sites (Chinon, par exemple). Un plan régional s'impose ici pour souligner ces divers centres d'intérêt. On pourra, par exemple, partir de l'étude des plateaux : ils constituent un paysage désolé délimité par un talus au-dessus du Val qui fixe de longue date un type d'occupation du sol ; on pourra, ensuite, s'intéresser aux terrasses étagées d'occupation ancienne du pays de Bourgueil et du pays de Veron ; on pourra, enfin, étudier la partie du Val maîtrisée par la construction de levées (les anciennes turcies) protégeant, contre les crues du fleuve, les riches terroirs des varennes parsemées de montilles.

1. La bure des plateaux délimitée par les rampes crayeuses cristallisant les établissements humains

L'originalité du paysage réside dans un contraste saisissant entre un plateau désolé et son rebord riche et anciennement exploité, ce qu'un vieil adage définit comme une « robe de bure bordée d'or » (*Dictionnaire des communes de Touraine,* sous la direction de COUDERC J.-M., p. 43).

1.1. Un milieu difficile

Au nord du Val, le plateau correspond à la terminaison occidentale de la gâtine tourangelle, ainsi que le plateau de Sainte-Maure entre Loire et Vienne. Au sud du Val, le plateau préfigure le Poitou, mais le paysage reste le même qu'au nord.

Le paysage est composé de landes, bois rachitiques parsemés d'étangs (les « mardelles », nombreuses dans les landes de Ruchard à l'est de Chinon, par exemple). Notez les toponymes en « lande », « bruyères », « buisson », « brosse ». Notez encore les toponymes en « gatée » (par exemple en 445,5-2260,5 : les gâtées, étangs des gâtées...) dérivés de « dévasté » comme gâtine.

Document 1. L'organisation régionale de la France.

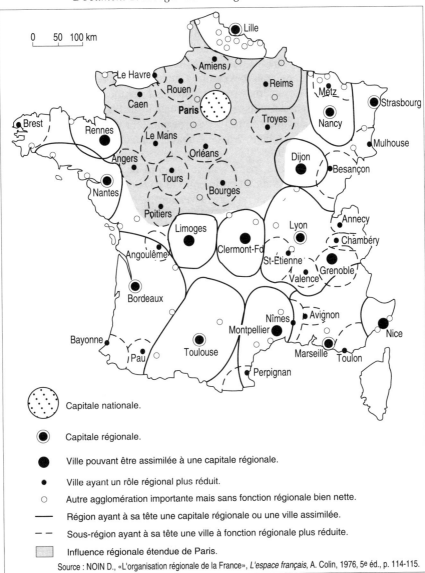

Capitale nationale.

Capitale régionale.

Ville pouvant être assimilée à une capitale régionale.

Ville ayant un rôle régional plus réduit.

Autre agglomération importante mais sans fonction régionale bien nette.

Région ayant à sa tête une capitale régionale ou une ville assimilée.

Sous-région ayant à sa tête une ville à fonction régionale plus réduite.

Influence régionale étendue de Paris.

Source : NOIN D., «L'organisation régionale de la France», *L'espace français*, A. Colin, 1976, 5e éd., p. 114-115.

La carte géologique explique l'origine de ce paysage de bure. Vous remarquerez l'étroite relation entre le paysage de bure et la formation « ep » (Éocène détritique continental) composée de conglomérats siliceux surnommés « perrons » dans la région. Cette formation d'argile à silex est particulièrement inculte. Elle sous-tend des terroirs impropres à l'agriculture comme à la venue de forêts de qualité. Les limons des plateaux ou sables éoliens, incultes eux aussi, qui masquent çà et là cette formation n'y changent pas grand-chose. L'imperméabilité de l'argile à silex explique la présence de tous ces étangs. Cette formation repose sur des sables et argiles du Sénonien, eux-mêmes reposant sur les formations turoniennes *(doc. 2)*. Ces dernières formations, plus riches, contiennent le fameux tuffeau (craie). Elles affleurent sur le plateau là où une incision permet leur venue à flanc de versant (à Saint-Benoît-la-Forêt ou à Fontevraut-l'Abbaye, par exemple) ; elles affleurent aussi dans la partie sommitale des versants du Val, au-dessus des anciennes alluvions étagées en terrasses, par exemple au nord de Chevrette, au nord de Bourgueil *(doc. 2)*. Elles affleurent enfin entre le pays de Véron et les landes du Ruchard à l'est de Chinon, à la faveur du versant méridional de l'anticlinal de Chouzé. Intensément disséqué par érosion, le versant de cet anticlinal présente une succession de buttes qualifiées de puys dans le Chinonais.

1.2. Au ban du siècle : les plateaux

Les plateaux ont toujours été à l'écart de la société (au ban du siècle...). On remarquera toutefois une occupation ancienne des plateaux sous forme de clairières de défrichement, toujours situées là où l'érosion a ciselé la formation d'argile à silex et mis au jour les formations plus riches sous-jacentes (lire à ce propos DION R., *Le Val de Loire, étude de géographie régionale*, thèse, 1934). Notez en particulier, le site de l'abbaye de Fontevraud avec la présence d'un village-rue typique des villages de défrichement. L'abbaye se situe dans une clairière déterminée par une incision dans le plateau où affleurent les formations plus riches du Sénonien et du Turonien. Le site d'une abbaye est généralement dans un secteur à l'écart du siècle, tel celui de Fontevraud, bien que la proximité du riche Val n'ait sans doute pas été étrangère au choix de ce site *(doc. 3)*. Remarquez d'autres clairières de défrichement plus modestes à partir d'une abbaye ou d'un prieuré : ancienne abbaye de Turpenay (en 2251-449.4), prieuré de Gramont au sud de l'hôpital de Chinon. D'autres clairières de défrichement probablement plus récentes parce que non générées par une abbaye se dispersent sur les plateaux : celle de Saint-Benoît-la-Forêt, par exemple, dont les villages s'établissent sur l'axe de circulation principal (de la Jaunay aux petites landes). Des *activités agricoles* diverses se remarquent : vergers, une parcelle de vigne, quelques caves sous-jacentes. D'autres activités caractérisent les plateaux : *exploitation de la forêt* (notez les allées forestières qui témoignent d'une exploitation de la forêt et les toponymes prestigieux de certaines d'entre elles : allée Louis-XI, route forestière de Charles-le-Téméraire, carrefour Tristan-L'Hermite, route forestière de Rabelais... dans la forêt domaniale de Chinon) ; fonction *militaire* (au sud-ouest de Fontevraud) ; fonction *récréative* : parc forestier au nord-est de Saint-Benoît-la-Forêt, motocross à l'est de Chinon ; fonction *médicale* : un hôpital au nord-est de Chinon.

Document 2. Coupe à travers l'anticlinal de Chouzé-sur-Loire.

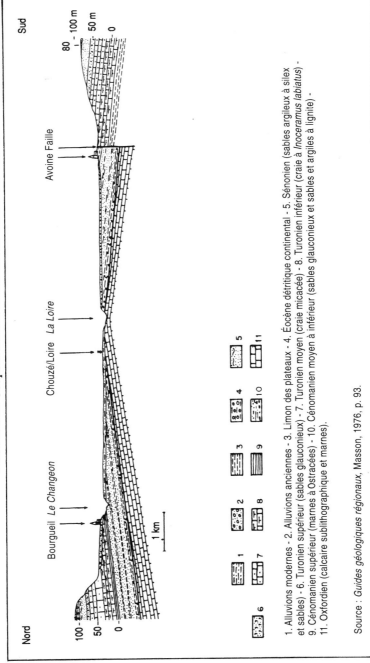

1. Alluvions modernes - 2. Alluvions anciennes - 3. Limon des plateaux - 4. Éocène détritique continental - 5. Sénonien (sables argileux à silex et sables) - 6. Turonien supérieur (sables glauconieux) - 7. Turonien moyen (craie micacée) - 8. Turonien inférieur (craie à *Inoceramus labiatus*) - 9. Cénomanien supérieur (marnes à Ostracées) - 10. Cénomanien moyen à inférieur (sables glauconieux et sables et argiles à lignite) - 11. Oxfordien (calcaire sublithographique et marnes).

Source : *Guides géologiques régionaux*, Masson, 1976, p. 93.

1.3. Les rampes crayeuses : ligne de cristallisation ancienne des établissements humains

On a vu que les sites dépourvus d'argile à silex, coïncidant avec les versants internes au plateau sont les seuls sites occupés de longue date des plateaux. Il en est de même avec les parties sommitales des versants de la Loire, qualifiées de rampes crayeuses par Vidal de La Blache (*document 4*). Celles-ci cristallisent depuis longtemps les établissements humains :

– Présence d'habitat troglodytique le long des rebords du Val, par exemple entre Candes-Saint-Martin et Parnay, taillé dans le tuffeau.

– Habitat aristocratique accroché à ces rampes que l'on remarque de loin depuis le Val : château d'Ussé, par exemple.

– Sites des principales villes accrochées aussi à ces rampes : site de Candes-Saint-Martin directement sur le Val, lieu de la mort de l'apôtre, par exemple, et surtout site de Chinon. La ville s'est développée entre la Vienne et le rebord de plateau, sous l'œil de la forteresse qui surveillait le gué par où passaient les pèlerins en route vers Saint-Jacques-de-Compostelle (notez le faubourg tête de pont Saint-Jacques). La route actuelle D751 et la voie ferrée mettent en valeur l'importance stratégique de Chinon à l'époque médiévale : notez la vigueur du rebord du plateau à cet endroit (la voie ferrée doit emprunter un tunnel qui, de la cote 70, l'amène à la cote 31 dans la vallée de la Vienne). La D751, au-delà du rond-point Les Closeaux, se dirige droit vers Chinon et descend dans la vallée en contournant un éperon crayeux par le vallon qui détermine cet éperon. La forteresse est établie dessus. Au-delà du gué, la D749 se dirige vers la célèbre ville de Richelieu. Remarquez un développement de la ville sur le plateau, vers le nord-est, dans les puys, plus particulièrement vers la nouvelle zone industrielle.

– Les puys correspondent à une extension importante de ces rampes grâce à l'anticlinal de Chouzé et au travail de l'érosion (Notez les toponymes en « puy » : Puy-Besnard, puy du Renard, puy des Ajoncs, les moulins du Beau-Puy, ou en « butte ». Ces buttes sont souvent couronnées par un ancien moulin à vent. Les puys supportent un paysage varié de champs ouverts, de quelques parcelles boisées et surtout le vignoble de Chinon.

2.   Les riches terrasses étagées du Val de Loire

Au sortir de la Touraine, à partir d'Ingrandes-de-Touraine, le Val de Loire devient Val d'Anjou. Il s'évase jusqu'à atteindre une dizaine de kilomètres de large. Il change aussi d'orientation : il s'incurve vers l'ouest avant de prendre une direction nord-ouest après sa confluence avec la Vienne, le tout à la faveur d'un anticlinal qui tend à imposer sa direction (voir la coupe de l'anticlinal de Chouzé, *doc. 2*). Le Val d'Anjou avec ses terrasses étagées contraste singulièrement avec la bure des plateaux. Ces terroirs sont anciens. Une continuité s'observe ici aussi dans l'occupation actuelle des sites.

Document 3 : Le site de Fontevraud par Robert d'Arbrissel

Très probablement proposé par l'évêque de Poitiers Pierre II (le site de Fontevraud avait apparemment été agréé sans réticences par Robert. Or, ce « Désert » était moins désertique encore que la forêt déjà humanisée de Craon par lui élue en 1095. Conscient de l'impossibilité de faire durablement vivre à une communauté où les femmes étaient nombreuses une pure expérience érémitique de dépouillement et d'isolement complets, il ne devait pas être sans savoir ce site propice à une rapide amélioration du sort des siens.

Baudri lui-même, après avoir d'emblée souligné la sauvagerie du lieu, a aussitôt nuancé ce *topos* littéraire. Il s'est en effet contenté d'appeler l'environnement forestier « petite forêt ou ronceraie », *silvula vel dumetum*, et non pas « sylve » comme auparavant la forêt de Craon. Il a noté aussi la proximité du sanctuaire de Candes et indiqué que le lieu de Fontevraud, doté d'un nom « de longue date », *ab antiquo*, et relevant du diocèse de Poitiers, avait des propriétaires, *possessores*, desquels Robert le reçut. Il ne s'agissait donc nullement, aux dires mêmes de l'hagiographe, d'un *no man's land* perdu au cœur d'une forêt profonde et sans statut juridique ni ecclésiastique mais simplement d'un site qui, pour être écarté, n'était que très relativement sauvage. L'examen d'une carte et les données fournies par d'autres sources nous le confirment et nous assurent qu'en cette aube du XIIe siècle le légendaire bandit Evrault — éponyme prétendu de ces lieux selon une fable attestée au siècle suivant — aurait eu bien du mal à y exercer impunément sa coupable industrie.

Issu de la source, *Fons Ebraldi*, près de laquelle s'installa la communauté, le vallon de Fontevraud, descendant du sud au nord, aboutit à la Loire, distante de moins d'une lieue. À son débouché s'étaient élevés l'établissement gallo-romain de Rest — où, depuis 1089, les moines de Saint-Florent de Saumur détenaient la paroissiale Saint-Pierre — et, vers l'an mil, le château de Montsoreau tenu par l'une des plus puissantes familles féodales d'Anjou. Jouxtant Montsoreau à l'est, Candes n'était pas que le siège de la collégiale, centre de pèlerinage, érigée là même où, en 397, était mort saint Martin; cet antique lieu d'origine gauloise se situait au confluent de la Vienne dont le trafic, venant ainsi s'ajouter à celui de la Loire, animait son port et celui de Rest dotés de bacs. Face à Candes et à ses coteaux couverts de vignes, le plat interfluve du « bon pays » de Véron, entre Vienne et Loire, se caractérisait dès alors, comme aujourd'hui encore, par la richesse de ses prés. La proximité immédiate des deux opulentes vallées — aux profits agricoles et commerciaux desquelles sa communauté n'allait pas tarder à avoir part après avoir d'emblée bénéficié de la générosité de leurs habitants — n'a certainement pas été sans déterminer Robert.

Sans doute, au sud de ces vallées et autour du vallon de Fontevraud, le plateau encore notablement boisé de nos jours, était recouvert par la vaste forêt alors dite de Born qui, de toute antiquité, marquait la frontière entre Anjou, Touraine et Poitou. Cependant, loin d'être impénétrée, elle s'était déjà peuplée, en plus d'un secteur défriché, de bourgs et de fondations monastiques comme Champigny, prieuré de Saint-Aubin d'Angers, Couziers, prieuré des moniales de Sainte-Croix de Poitiers, et, plus à l'est, l'abbaye de Seuilly, tout récemment fondée par les seigneurs de Montsoreau.

Source : Bienvenu J.-M., *l'Étonnant Fondateur de Fontevraud, Robert d'Arbrissel*, Nouvelles Éditions latines, 1981, p. 79.

Document 4 : Les rampes crayeuses : ligne de cristallisation ancienne
des établissements humains

Il est rare qu'on ne puisse distinguer dans une contrée une zone qu'animent plus particulièrement la présence et l'activité de l'homme. En Touraine, et dans les parties limitrophes de l'Anjou et du Poitou, c'est manifestement la craie qui est la zone de prédilection, celle qui trace la ligne de cristallisation des établissements humains. C'est à l'abri de ces roches, sur leurs rampes ou leurs talus que les hommes se sont accoutumés à leur occupation favorite, la culture des vignes et des arbres fruitiers. Ces roches sont des espaliers naturels; et surtout quand elles regardent le Sud, leur sécheresse est assez grande pour que des êtres humains puissent impunément y élire domicile. Les parages de Troô et des Roches sur le Loir, de Vouvray près de Tours, de Bléré sur le Cher, méritent, entre beaucoup d'autres, d'être célèbres comme survivance d'habitations troglodytiques. Souvent une sorte de coquetterie se fait jour dans la taille de ces excavations, dans la disposition des treilles ou des clématites qui les garnissent. Quand l'habitant humain s'est détaché de la roche, il ne s'en est guère écarté. Presque toutes les villes et la plupart des bourgs importants de la Touraine se serrent le long de ces rampes crayeuses. De Montsoreau à Saumur, les bourgs s'allongent ainsi en file presque ininterrompue. Parfois au-dessus du troupeau des blanches maisons, un château ou une ruine se dresse. À cheval entre la vallée et les plateaux forestiers, il surveille l'horizon; c'est lui qu'on aperçoit de loin, à Amboise, comme à Lavardin sur le Loir, à Saint-Aignan sur le Cher, à Loches ou Chinon. Une autre vie commence au-delà, sur les landes ou dans les forêts giboyeuses.

Source : Vidal de La Blache P., *Tableau de la géographie de la France*,
1re éd., Hachette, 1903, p. 166.

2.1. Le pays de Véron : une terrasse au confluent de la Vienne

Il est compris entre les gâtines terminées par les puys du Chinonais, à l'est, et la confluence Vienne-Loire, à l'ouest. La partie sud est sous-tendue par la roche en place, dans le prolongement du plateau de Sainte-Maure, mais ici dépourvue de cette formation d'argile à silex. Elle porte, au sud-est de Beaumont-en-Véron, les traces d'une très ancienne nappe alluviale, plus ancienne que celle de Bourgueil d'après la carte géologique. La partie nord est une terrasse étagée de même nature que celle de Bourgueil, mais plus récente. On retrouve d'ailleurs le niveau de Bourgueil au bois de Pincé, où l'échine topographique est un lambeau de terrasse.

Le pays de Véron est un riche pays de terroirs très variés où alternent bois, parcelles de vignes, champs et vergers. Les vignes sont plus étendues au sud : c'est le vignoble de Chinon. L'habitat se présente sous la forme de petits villages qui se succèdent le long des axes de circulation, de Roguinet aux Fontaines-d'Auzon en passant par Avoine, par exemple. Notez que cet alignement est en partie déterminé par le rebord du plateau portant le lambeau de la très ancienne nappe alluviale. La réputation de richesse des terroirs de ce pays est ancienne : l'abbaye de Thélème s'y situe (Gargantua « offrit tout son pays de Thélème, jouxte la rivière de Loire, à deux lieues de la grande forêt de Port-Huault... », RABELAIS, *Gargantua*, Nouveaux Classiques Larousse, 1972, p. 117).

Document 5.

Écrêtement de la taxe professionnelle. Communes concernées par la centrale nucléaire d'Avoine Répartition 1991 (en francs)	
Azay-le-Rideau	290 611
Avoine	31 825 373
Beaumont-en-Véron	1 231 666
Benais	217 741
Bourgueil	2 003 063
La Chapelle-sur-Loire	164 795
Chinon	4 535 053
Chouzé-sur-Loire	1 101 404
Huismes	907 832
L'Île-Bouchard	191 904
Ingrandes-de-Touraine	55 817
Restigné	133 296
Saint-Germain-sur-Vienne	290 814
Saint-Nicolas-de-Bourgueil	107 296
Savigny-en-Véron	480 445

Cette richesse séculaire est renforcée actuellement par l'installation de la centrale nucléaire de Chinon. Cette centrale bénéficie d'un site favorable : eau de Loire en abondance, sous-bassement solide (la terrasse est étagée et le Cénomanien sous-jacent affleure dans le talus surplombant la Loire). Le *document 5* présente l'écrêtement de la taxe professionnelle versée par E.D.F. aux communes environnantes. La commune d'Avoine perçoit chaque année une somme considérable. Vous remarquerez le village d'Avoine et les extensions urbaines en direction de Beaumont sous forme de cités (notamment à La Caillerie). Ces extensions sont à mettre en relation avec l'accroissement de population généré par le personnel de la centrale.

2.2. Le pays de Bourgueil : une terrasse viticole en rive droite

La terrasse de Bourgueil est une terrasse étagée, comme le démontre l'affleurement du sous-bassement cénomanien *(carte géologique* et *doc. 6).* C'est une ancienne nappe alluviale qui atteste l'extension d'un ancien lit majeur de la Loire. La terrasse se trouve dans le prolongement d'un versant doucement concave où affleurent, au sommet, le terroir des sables sénoniens, à mi-versant le terroir à tufs (craie turonienne), la base du versant étant recouverte par cette ancienne nappe alluviale plus ou moins caillouteuse. La terrasse est exposée au sud.

Document 6. Coupe dans la terrasse de Bourgueil.

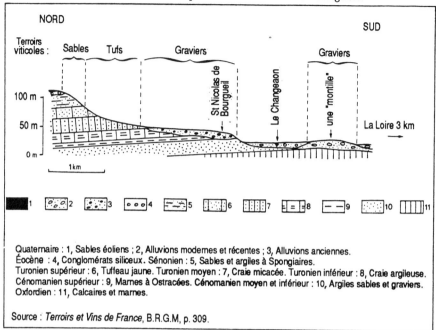

Quaternaire : 1, Sables éoliens ; 2, Alluvions modernes et récentes ; 3, Alluvions anciennes.
Éocène : 4, Conglomérats siliceux. Sénonien : 5, Sables et argiles à Spongiaires.
Turonien supérieur : 6, Tuffeau jaune. Turonien moyen : 7, Craie micacée. Turonien inférieur : 8, Craie argileuse.
Cénomanien supérieur : 9, Marnes à Ostracées. Cénomanien moyen et inférieur : 10, Argiles sables et graviers.
Oxfordien : 11, Calcaires et marnes.

Source : *Terroirs et Vins de France*, B.R.G.M, p. 309.

La terrasse et le versant sont majoritairement recouverts par le vignoble de Bourgueil. La venue de ce vignoble est liée à la qualité du terroir, à sa variété, à l'exposition favorable, à des axes de circulation bien développés (D35, voie ferrée) et anciens (la D35 reprend approximativement une ancienne voie romaine *[doc. 7]*, présence de l'abbaye bénédictine de Bourgueil). Le vignoble est limité, au nord, par la formation d'argile à silex sous-tendant la forêt et la lande. Il s'étend donc sur trois types de terroirs variés.

Le paysage du vignoble est caractérisé par des villages viticoles avec leur cave-coopérative qui ourlent le rebord de la terrasse (Bourgueil, Saint-Nicolas-de-Bourgueil, Restigné sont les plus gros ; Le Fondis, Benais, Ingrandes-de-Touraine, par exemple, sont plus petits) ; par des hameaux de fermes d'exploitants ou de châteaux dispersés sur les finages ; par des parcelles de vignes généralement étirées dans le sens de la pente du versant et de la terrasse. La richesse des communes du vignoble est ici aussi soutenue par l'écrêtement de la taxe professionnelle versée par E.D.F. *(doc. 5)*. Bourgueil, capitale du vignoble, en reçoit une part non négligeable.

Vers l'ouest, le vignoble laisse progressivement place à une agriculture plus variée où alternent parcelles de vigne, vergers et cultures légumières.

3. Le Val maîtrisé des levées : des varennes à montilles au lit mineur

3.1. *Les levées*

Les *levées* (ou « turcies ») de la Loire sont anciennes : celle portant la N152 a été édifiée au XIIe siècle ; celle de rive gauche, entre la confluence Loire-Indre et l'île Saint-Martin et au-delà l'a été à une date indéterminée au Moyen Âge ; celle entre la confluence de la Vienne et la confluence de l'Indre l'a été de l'avènement de Louis XI à 1707 *(doc. 8)*. Ces levées ont pour fonction première la protection des terroirs du Val contre les caprices du fleuve. Certaines ont été utilisées comme support d'une voie de circulation (N152, D16). À noter la voie ferrée, en remblai, qui fait aussi office de levée récente, mais dont la fonction principale reste la circulation. Une nouvelle levée va être construite dans le val d'Authion qui supportera l'autoroute Angers-Tours.

Document 7. Les routes anciennes.

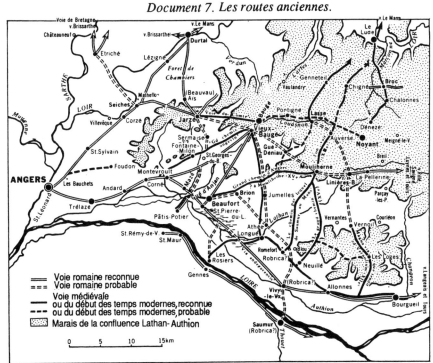

Source : GRAS J., *Les Routes anciennes*, Centre national de la recherche Scientifique, 1963, p. 125.

3.2. Entre levées et terrasses : les varennes à montilles

Les *varennes* sont des alluvions contemporaines sableuses et graveleuses constituant de riches terroirs qui correspondent au lit majeur actuel de la Loire. Ces
alluvions dessinent une sorte de léger bombement dans la plaine alluviale, particulièrement entre le cours de la Loire et celui de l'Authion, au pied de la terrasse
viticole de Bourgueil. Ce bombement se fait à la faveur de lambeaux d'alluvions
plus anciennes parsemant le lit majeur. Ceux-ci se manifestent dans la topographie
de la plaine par de petites éminences : les *montilles*. Ces montilles sont appelées
« peu » dans le Val (notez les toponymes en « peu » : au sud-est de Varennes-sur-
Loire, par exemple). Les montilles cristallisent les établissements humains dans la
plaine d'inondation de la Loire. L'habitat s'y disperse sous forme de petits hameaux
le long des multiples petites routes qui les sillonnent. Les plus riches terroirs s'y
localisent : notez notamment la vigne qui recouvre intégralement la montille du
lieu-dit La Taille *(doc. 6)*, ou encore la remarquable parcelle de vigne sur cette
micro-montille autour du point coté 31 en 2253.5-431.8. Entre les montilles, un
paysage de prairies encloses apparaît : on peut l'observer par exemple en 430-
2254 : les prairies encloses ceinturent les montilles portant les hameaux de la Rue
Chuche, Le Montachamp, Les Fresches, le pont des Landes... avec leur paysage de
verger, vigne, culture légumière probablement, parcelles boisées. Ces prairies sont
déprimées de quelques dizaines de centimètres parfois par rapport aux montilles, à
la faveur d'anciens bras de Loire incisant ces anciennes alluvions du lit majeur, ou
à la faveur d'un dépôt sous forme de lentilles dans le lit majeur *(voir la coupe de
la montille de la Taille, doc. 6)*.

3.3. Francs-bords et lit apparent

Les francs-bords s'étendent entre les berges du fleuve et les levées. Notez l'hori-
zontalité de cette partie de la plaine alluviale parcourue par d'anciens bras de la
Loire enserrant d'anciennes îles (notez les toponymes en « boire » signalant ces
anciens bras abandonnés par le fleuve, par exemple « les Boires du Chêne » en
430-2250). Certaines boires sont encore occupées par des étangs filiformes se
succédant en chapelets (Les Étangs, entre la N152 et les Prés de l'Arche, 428-2250).
C'est un paysage de parcelles boisées (plantations) et de prairies inondables
encloses, avec quelques habitations sur d'anciennes îles de la Loire (l'île au Than,
l'île Montravers, face à Candes-Saint-Martin).
    Au-delà des berges apparaît le lit mineur du fleuve en étiage. Entre le lit mineur
et les berges apparaissent les grèves du fleuve. Cet ensemble lit mineur et grève est
couramment appelé « lit apparent ». Des îles sont disséminées dans le fleuve.
Certaines sont fixées par de la végétation (Grande Île de Chouzé, par exemple,
scindée en deux par un bras de Loire), d'autres non. Notez la forme en amande de
ces îles qui s'étirent dans le sens du courant et qui se succèdent en chapelet toujours
avec un léger décrochement, notamment entre La Chapelle-sur-Loire et la centrale
nucléaire : remarquez aussi le décrochement qu'amorce le fleuve vers l'extérieur
de la courbe : il est lié à un courant qui se déporte vers la rive externe du méandre.

Document 8. Levées entre Langeais et Nantes

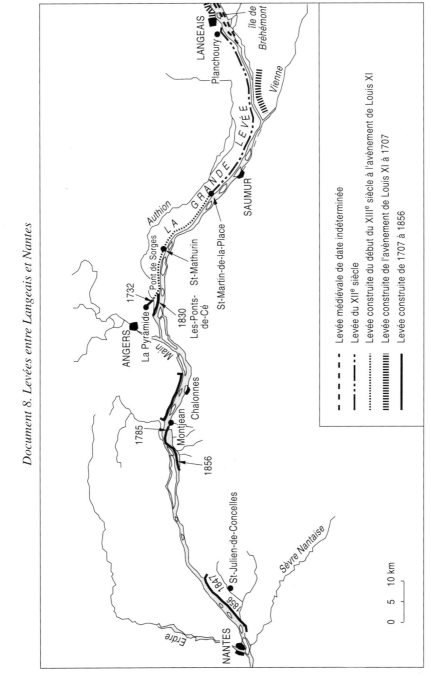

Légende :

Levée médiévale de date indéterminée

Levée du XIIe siècle

Levée construite du début du XIIIe siècle à l'avènement de Louis XI

Levée construite de l'avènement de Louis XI à 1707

Levée construite de 1707 à 1856

Source : R. DION, *Histoire des levées de la Loire*, 1961, p. 213

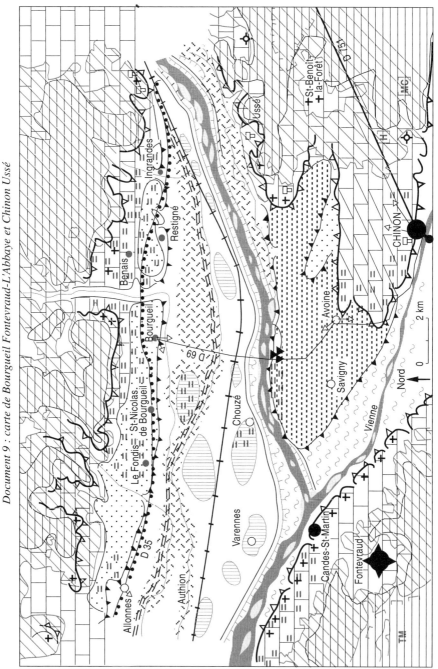

Document 9 : carte de Bourgueil Fontevraud-L'Abbaye et Chinon Ussé

Légende du croquis page ci-contre

1 – La bure des plateaux délimitée par les rampes crayeuses cristallisant les établissements humains

1–1. Un milieu difficile

Limite de la formation d'argile à silex (Éocène continental)

Affleurement des formations sénoniennes et turoniennes

1–2. Les plateaux au ban du siècle

Limite des landes et forêts

Clairière de défrichements à partir d'une abbaye

Clairière de défrichement avec abbaye et village de défrichement

Clairière de défrichement avec village de défrichement

[H]   Fonctions actuelles diverses (T.M. terrain militaire ; P.F. parc forestier ; M.C. moto-cross ; H. hôpital)

1–3. Les rampes crayeuses cristallisant les établissements humains

Rebord des plateaux

Puys du Chinonais

Habitat troglodytique, caves et champignonnières

Villes ou villages à site médiéval associé à un fait religieux

idem sur un gué (route médiévale)

Habitat aristocratique, châteaux remarquables, forteresses

Extension urbaine actuelle

2 – Les riches terrasses étagées du Val-de-Loire

2–1. Le pays de Véron

Alluvions anciennes construisant la terrasse

Limite de la terrasse

Principaux villages, extension urbaine

Centrale nucléaire

2–2. La terrasse viticole de Bourgueil

Alluvions anciennes construisant la terrasse

Limite de la terrasse

Villages à dominante viticole, extension urbaine

= = = =   Limite d'extension de la vigne

Routes actuelles reprenant une voie romaine

3 – Le Val maîtrisé des levées : des varennes à montilles au lit mineur

3–1. Les levées

Levées anciennes, nues, protégeant contre les crues

Levées anciennes, nues, protégeant contre les crues et supportant une voie de communication

+ + + +   Voies ferrées faisant office de levées

Trajet de la future autoroute Angers-Tours

3–2. Les varennes à montilles

Montilles et secteurs à montilles

○ Principaux villages des varennes

Terroirs des varennes plus humides supportant un bocage

Secteurs du Val inondables par les affluents de la Loire (Authion, Indre) en arrière des levées

3–3. Francs-bords et lit apparent

∿ ∿ ∿   Francs-bords à boires et plaine d'inondation de la Vienne

Îles et grèves

Lits mineurs des fleuves et rivières

Entre les îles (localisées sur des seuils), le fond du lit est surcreusé par un effet d'accélération du courant : on l'appelle *mouille*.

Conclusion

Les cartes de Bourgueil Fontevraud-l'Abbaye et de Chinon Ussé présentent ainsi un espace à dominante rurale, en limite ou, pourrait-on aussi dire, au carrefour d'influence de régions pilotées par des villes dynamiques (Angers au nord-ouest, Tours au nord-est, Poitiers plus loin au sud). Ce carrefour semble inhiber quelque peu la croissance urbaine de Chinon. Il est en quelque sorte symbolisé par le choix d'implantation d'une centrale nucléaire à équidistance de régions de forte consommation, ainsi que par le choix quasi arrêté de la prochaine autoroute Angers-Tours *via* le val de l'Authion. Cela dit, cette région s'est forgé une identité en exploitant les atouts prodigués par le Val : variété et parfois complémentarité des sites différemment utilisés par l'homme : clairières de défrichement des plateaux, espaces conquis du lit majeur, terrasses et riches terroirs, prestigieuses rampes crayeuses focalisant les établissements humains. Cette constance reste le caractère fort de cette partie du Val de Loire.

Cartes de Beaune
et Nuits-Saint-Georges

Documents à consulter :

Carte à 1/25 000 de Beaune.
Carte à 1/25 000 de Nuits-Saint-Georges.
Carte à 1/50 000 de Beaune.
Carte géologique de Beaune à 1/50 000 n°256.

Documents présentés :

Document 1 : Itinéraire de la Côte, *Guides géologiques régionaux : Bourgogne, Morvan,* Masson, 1972, p. 67.
Document 2 : La Côte, *Guides géologiques régionaux, op. cit.,* p. 68.
Document 3 : Coupe Santosse-Meursault-Tailly, les plaines de la Saône et leurs bordures montagneuses : JOURNAUX A., *Beaujolais, Mâconnais, Côte d'Or, plateaux de la Haute-Saône, Jura occidental, Étude morphologique,* Caen, 1956, p. 258.
Document 4 : « Climogrammes des moyennes entre débourrement et vendange (Beaune) », p. 233 et texte tiré des climats locaux, GADILLE R., *Le Vignoble de la Côte bourguignonne, Fondements physiques et humains d'une viticulture de haute qualité*, publication de l'université de Dijon, Paris, Les Belles Lettres, 1967, p. 271-272.
Document 5 : Schémas de topolithoséquences de sols dans les vignobles A.O.C. de la Côte, *Terroirs et Vins de France, Itinéraires œnologiques et géologiques*, Éditions du B.R.G.M., 1985, p. 89.
Document 6 : « Hiérarchie des appellations et des valeurs marchandes (1964-1965) », GADILLE R., *op. cit.,* p. 201.
Document 7 : « Répartition des maisons du négoce sur la côte d'Or », GRIVOT F., *Le Commerce des vins de Bourgogne*, Sabri, Paris, 1962, p. 122, texte même référence p. 124.
Document 8 : Croquis de ROBIN M., d'après le plan de zonage du P.O.S. de la commune de Beaune.
Document 9 : Croquis principal.

Document 1. Itinéraire de la Côte.

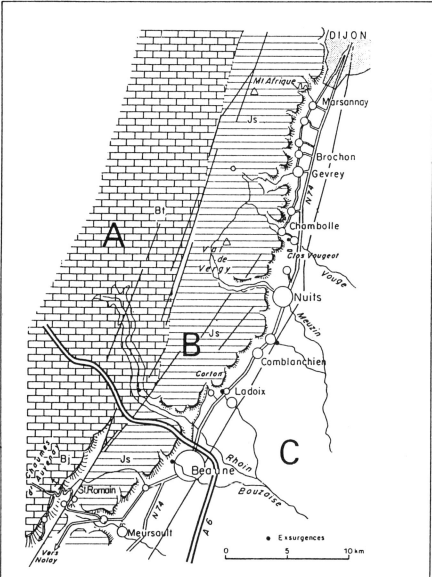

A. Gradin de la Montagne. B. Gradin de l'arrière-côte . C. Fossé tectonique de la Saône (en affleurement : Pliocène et Quaternaire. Exceptionnellement Oligocène en pied de Côte)
Noter le changement des directions (failles et reliefs) au niveau de Nuits : de SO-NE dans la côte et l'arrière-côte de Beaune, elles deviennent presque nord-sud dans la Côte de Nuits..

Source : *Guides géologiques régionaux : Bourgogne, Morvan*, Masson 1972, p. 67.

Les cartes à 1/25 000 de Beaune et Nuits-Saint-Georges présentent la plus célèbre partie de la Bourgogne : la Côte d'Or *(doc. 1)*. Cette Côte supporte un vignoble qui fait la renommée des vins français dans le monde. Le commentaire de ces cartes doit donc s'attacher à décrire ce vignoble, originalité de la carte. Il doit mettre en évidence les avantages du milieu physique qui expliquent la venue d'un vignoble d'une si grande qualité. Il doit évoquer aussi les raisons historiques qui ont favorisé le vignoble et sa célébrité (des voies de circulation faciles et des négociants dynamiques s'affairant dans les villes du vignoble – lire à ce propos l'ouvrage de DION R., *Histoire de la vigne et du vin en France*). La Côte d'Or est un lieu stratégique, au carrefour de l'Europe de l'Ouest, et ce lieu de passage obligé a fixé de longue date les activités et les établissements humains. Aujourd'hui encore, les axes de circulation méridiens Rhin-Rhône et Paris-Lyon-Marseille y passent ; Beaune, grande capitale viticole de Bourgogne, s'y localise ainsi que des villages dont la renommée dépasse de loin le cadre régional. La richesse de cet espace est soulignée par un effet de contraste avec les pays laissés pour compte attenant à la Côte, qu'il s'agisse de l'arrière-côte et surtout de la montagne bourguignonne à l'ouest de la Côte, ou encore de la plaine de la Saône à l'est de celle-ci. Mais cette Côte, comme son nom l'indique, est exiguë, car linéaire. La concurrence spatiale entre activités y est sévère. Pour présenter tous ces aspects, on pourra choisir un plan dérivé de l'organisation régionale des cartes (montagne et arrière-côte ; Côte et piedmont ; plaine de la Saône) en individualisant les facteurs explicatifs de la localisation de la vigne sur la Côte et les problèmes de gestion du milieu qu'ils entraînent : 1. la première partie justifie le qualificatif « Côte d'Or » par l'étude d'un vignoble et ses variétés dans un milieu physique favorable ; 2. la deuxième partie souligne l'aspect stratégique de la Côte en termes de circulation et aborde le problème de la concurrence spatiale entre les diverses activités établies sur cet espace linéaire et exigu ; 3. la troisième partie insiste sur le contraste entre une Côte riche et les pays attenants laissés pour compte.

1. L'or de la Côte : un des plus célèbres vignobles français sur la plus riche côte de Bourgogne

1.1. *La Côte : conditions physiques idéales pour un vignoble de qualité*

A — Un style propice à la venue de la vigne

a) Le style de l'escarpement

La Côte d'Or est la terminaison des plateaux bourguignons à l'ouest et de la plaine de la Saône à l'est. Cette côte s'étire depuis Vosne-Romanée au nord de la carte jusqu'à Meursault au sud *(doc. 2)*. Son tracé est sud-ouest-nord-est du sud jusqu'à Comblanchien, puis s'incurve vers le nord au-delà de Comblanchien. Le commandement de la côte est de l'ordre de 130-140 m au sud et s'accroît légèrement vers le nord (160 m au niveau de Nuits-Saint-Georges). Son tracé est festonné par des vallées rompant sa régularité : vallées drainées par un cours d'eau (le Rhoin passant

Document 2. Beaune. La Côte

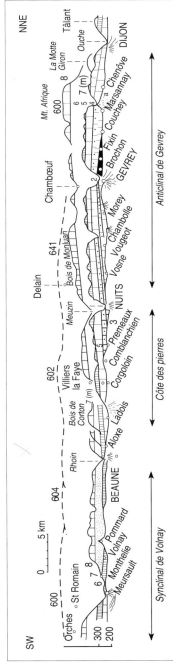

Au premier plan, la façade offre une structure en "S" due à deux ondulations transversales. Au débouché des échancrures des combes : anciens cônes de déjection (a) que la route Dijon-Beaune gravit ou coupe en tranchée.

Au second plan : buttes et tables calcaires (Rauracien) de l'Arrière-Côte qui suivent aussi le dessin en "S".

Se profilant à l'horizon : surface du compartiment de la montagne (vieille surface d'érosion dite de 600 m). Le calcaire de Comblanchien, exploité à une altitude d'environ 260 m sur la Côte se trouve porté jusqu'à 641 m dans l'ondulation anticlinale de Gevrey).

Terrains - 1 : Sommet des marnes du Lias (affleurant dans le vignoble au cœur de l'ondulation anticlinale de Gevrey).
2 : Calcaire à entroques (Bajocien)
4 : Oolite blanche (Bathonien moyen)
5 : Calcaire de Comblanchien (Bathonien moyen et sup.).
7 : Marno-calcaires (m) argoviens (pentes du Mt.-Afrique, butte et vignoble de Corton...), remplacés par des calcaires (c) au sud de Beaune.
8 : Calcaires compacts (faciès rauraciens) formant l'entablement des buttes.

Source : *Guides géologiques régionaux :* Bourgogne, Morvan, Masson, 1972, p. 67.

à Savigny-lès-Beaune ; le Meuzin passant à Nuits-Saint-Georges, par exemple) ; vallée sèche (vallée empruntée par la D970 au niveau de Beaune ; vallée empruntée par la D23 au nord de Meursault) ; courte vallée sèche qualifiée de « combes » (combe Danay au nord de Monthélie). En coupe, la Côte présente un profil largement concave : le sommet est légèrement convexe, puis une douce concavité relie la Côte à la plaine de la Saône, par l'intermédiaire d'un piedmont. Au nord, à partir de Comblanchien, le profil est plus massif, et la douce concavité basale laisse place, en dehors des cônes alluviaux au débouché des vallées drainées, à un angle basal plus tranché. On remarquera que la Côte est déterminée par l'affleurement de couches sédimentaires solides (calcaires et marnocalcaires) ployées en synclinal et anticlinal *(doc. 2)*.

La charnière du synclinal de la côte de Beaune se situe entre Volnay et Pommard. La charnière de l'anticlinal de Gevrey se situe au niveau de Gevrey (au nord, en dehors de la carte). Le style de la côte de Beaune, plus douce et plus festonnée par ces échancrures appelées « combes », est lié à ce synclinal qui amène dans le talus des formations marnocalcaires à faciès argovien et des calcaires friables de l'Oxfordien. Le style plus massif de la côte de Nuits est associé à cet anticlinal qui apporte dans le talus les calcaires solides de Comblanchien (Bathonien moyen) et, au-dessous, l'Oolithe blanche. Le *document 3* présente la coupe classique à travers la montagne, l'arrière-côte, la Côte et la plaine de la Saône, juste au sud de la carte. La Côte correspond à un gradin de failles entre la montagne bourguignonne et le fossé d'effondrement bressan. C'est un escarpement composite qui se trouve en retrait, par érosion, de 2 à 3 km par rapport à la faille qui l'engendre.

b) Le style du piedmont

La faille à l'origine de la Côte est masquée par des dépôts qui prolongent la concavité basale de l'escarpement dans le prolongement des vallées (cônes de déjection) ou tapissant la base de l'escarpement (éboulis divers) *(doc. 2 et 3)*. On pourra remarquer le très beau cône à l'aval de Pommard dans lequel s'incise l'actuelle Avant-Dheune, ou encore celui sur lequel est situé le village d'Aloxe-Corton. Le contact entre le piedmont et la plaine est très progressif. Le piedmont est plus étendu au sud de Comblanchien qu'au nord.

B — L'exigence climatique du vignoble explique ses limites

La vigne tapisse presque intégralement la Côte et son piedmont. Les limites amont et aval de la vigne sont très nettes. Aussi doit-on s'interroger sur l'origine de ces limites, qui doivent beaucoup au milieu physique.

a) Altitude et microclimat

La limite amont de la vigne sur la Côte coïncide approximativement avec les courbes de niveau 345-350 m. On remarque des différences en fonction de :

– l'exposition des versants de combes exposés au nord et couverts de forêts (versant exposé au nord-est qui fait face à un versant couvert de vignes dans la vallée sèche empruntée par la D970 au nord-ouest de Beaune, par exemple) ;

Document 3. Coupe géologique Santosse-Meursault-Tailly

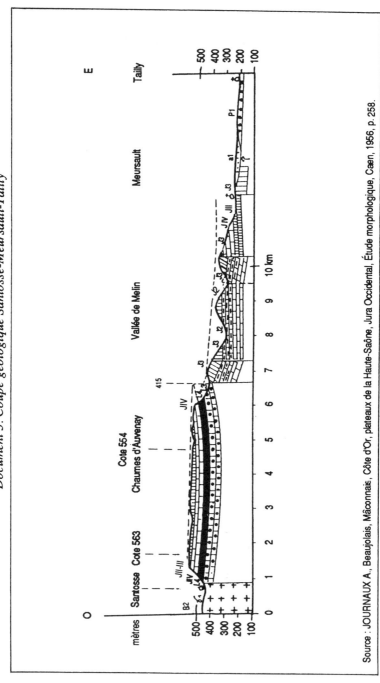

Source : JOURNAUX A., Beaujolais, Mâconnais, Côte d'Or, plateaux de la Haute-Saône, Jura Occidental, Étude morphologique, Caen, 1956, p. 258.

– la pente : une pente excessive exclut la vigne (corniche très pentue, versant exposé au sud de Grande Combe à l'amont de Pommart. Au-delà, on entre dans le domaine de l'arrière-côte).

La limite aval coïncide plus approximativement avec les courbes de niveau 225-230, au-dessus de la plaine de la Saône humide avec ses brouillards.

Les conditions climatiques pour la venue de ce vignoble de qualité sont drastiques pour les millésimes *(doc. 4 : climogramme et millésime)*. Pour une grande année, il faut une bonne insolation journalière, peu de pluies, de bonnes températures et peu d'humidité relative. À une échelle plus grande, les microclimats jouent localement sur la qualité de la production *(texte, doc. 4)*.

b) Conditions édaphiques

Les terroirs d'inégale qualité contribuent à différencier les crus. Le *document 5* présente deux toposéquences qui précisent la carte topographique : l'une en côte de Beaune (Volnay), l'autre en côte de Nuits (Vosne-Romanée). La qualité des crus est fonction ici des sols, de la pente et des diverses conditions microclimatiques évoquées. Ainsi, sur le piedmont de la Côte, à Volnay comme à Vosne-Romanée, viennent les crus de moindre qualité (A.O.C. Bourgogne) ; la concavité basale supporte les A.O.C. Village, de plus grande qualité. Les meilleurs crus (1er cru et grand cru) viennent à mi-pente, sur des sols brun calcaire (colluvions, éboulis). Le sommet de la Côte supporte les A.O.C. Village *(doc. 5)*.

1.2. Les paysages des deux vignobles de la Côte d'Or : Côte de Beaune et Côte de Nuits

La Côte d'Or se subdivise en deux côtes : la côte de Beaune au sud et la côte de Nuits au nord. Chacune porte des vignobles prestigieux : Nuits, Premeaux, Prissey, Comblanchien, Corgoloin en côte de Nuits ; Aloxe-Corton, Pommard, Volnay, Meursault en côte de Beaune *(doc. 6)*. Le vignoble est plus étalé au pied de la côte de Beaune que de celle de Nuits conformément à l'étalement du piedmont. La carte ne permet pas de se faire une idée de la forme des parcelles, si ce n'est au contact piedmont-plaine, là ou le vignoble s'effrite en parcelles laniérées (sud-ouest de Beaune).

Les villages des vignobles se ressemblent tous : ils sont tassés pour éviter de prendre trop d'espace sur le vignoble – le village de Pommard, par exemple, est strictement tassé le long de l'Avant-Dheule, enserré de toute part par la vigne. Il n'y a que très peu de fermes intercalaires. Les quelques châteaux se localisent dans les villages ou tout près. Les villages se localisent préférentiellement sur le talus, au débouché des combes (Monthelie), des vallées sèches (Aloxe-Corton), des vallées drainées (Pommard) ou, plus rarement, directement au pied de la Côte, sans facilité de circulation vers l'arrière-côte (Premeaux-Prissey). Généralement, les villages profitent d'exsurgences karstiques nombreuses au pied de la Côte (remarquez les diverses sources : par exemple source de la Bouzaise, source de l'Aigue à l'ouest de Beaune, source de Vosne qui a donné son nom au village de Fontaine-de-Vosne au sud de Vosne-Romanée). Les limites de ces communes font parfois

Document 4. Climogrammes des moyennes entre débourrement et vendange (Beaune).

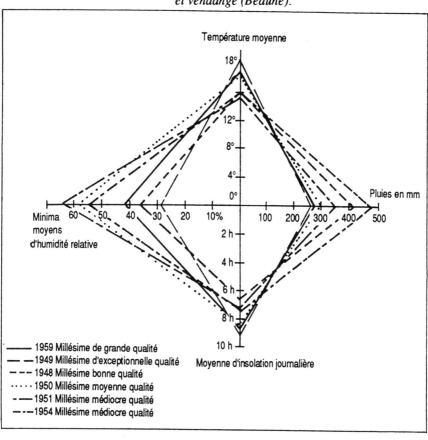

état de terroirs complémentaires entre plaine et piedmont, Côte et début d'arrière-côte : la commune de Volnay, par exemple, à dominante viticole, intègre les terroirs du piedmont et du début de la plaine jusqu'à la voie ferrée (économie herbagère : toponymes en pré – Pré-Meloisey par exemple au-delà de la voie ferrée) ; ceux de la Côte ; ceux de l'arrière-côte en partie couverts de forêt (Paux Buis) et de vignes.

2.   La Côte d'Or : un espace linéaire exigu, stratégique et disputé

Le vignoble bénéficie de conditions physiques favorables. Il jouit aussi d'une situation stratégique sur une grande voie de passage. De petites villes jalonnent cette voie et ont focalisé le négoce du vin (Beaune et Nuits-Saint-Georges). Une concurrence spatiale s'établit entre les diverses activités de la Côte.

Document 4 : Climogrammes des moyennes entre débourrement
et vendange (Beaune)

À l'étirement en latitude, qui nuance parfois l'assemblage des types de temps au long de la Côte, se juxtapose l'influence de la topographie qui modifie sensiblement les données climatiques d'O. en E., des Hautes-Côtes au piedmont. Le micro-relief, petites dépressions à flanc de coteau, débouché des combes et vallées, exerce lui-même une action importante.

L'exposition constitue, de son côté, une facteur primordial de réussite. Depuis le XVIIIe siècle, maints auteurs ont souligné l'avantage résultant, pour le vignoble, d'une exposition à l'Est : « Il est toujours vrai de dire que l'exposition d'une côte de vigne à l'orient est toujours la meilleure. L'exposition méridionale n'est point à rejeter, la septentrionale est froide, les raisins mûrissent rarement dans l'occidentale ».

La supériorité de l'exposition au Levant tiendrait à ce que le soleil sèche dès la première heure du jour la rosée ou l'humidité du sol : « Il touche la pellicule du raisin encore humide de la nuit et la colore sans la griller. Au soir, il est masqué de bonne heure et ne flétrit ni ne grille la vigne qui a évaporé ses réserves d'eau faites dans la nuit précédente ». Il faut, sans doute, ajouter à ces raisons qu'en régime prédominant de vent d'ouest, sud-ouest et nord-ouest, les versants regardant l'est sont les mieux abrités et, en conséquence bénéficient d'un certain avantage thermique sur les autres expositions.

L'environnement végétal, enfin, exerce une influence non négligeable : le couronnement forestier d'un versant, l'existence de friches buissonnantes en un point du talus, peuvent refroidir les secteurs viticoles voisins et accroître les risques de gelée. Il semble aussi qu'en élevant le degré hygrométrique de l'air, les plantations forestières accentuent les risques de mildiou. [_]

Mais il existe, de manière plus fine encore, des nuances que ne peuvent déceler des stations d'observation normalement équipées, c'est-à-dire fonctionnant sous abri, à 2 m au-dessus du sol. Outre l'action qu'exercent les conditions topographiques et l'environnement végétal, les basses couches de l'atmosphère (entre 0 et 2 mètres) sont, en effet soumises aux multiples influences thermiques et hydriques résultant du voisinage du sol et, parfois, de sa couverture végétale. Ainsi, les conditions topo-géo-pédologiques n'interviennent pas seulement au niveau des racines de la plante, mais en fléchissant diversement les conditions microclimatiques puisqu'il est généralement admis de désigner sous ce nom les climats régnant au voisinage du sol. De ces nuances microclimatiques procèdent, pour une part, les caractères spécifiques de la production viticole, en d'autres termes le « cru ».

Source : Gadille R., *le Vignoble de la côte bourguignonne,*
Fondements physiques et humains d'une viticulture de haute qualité,
Paris, les Belles Lettres, 1967.

Document 5. Schéma de topolithoséquences de sols dans les vignobles AOC de la Côte

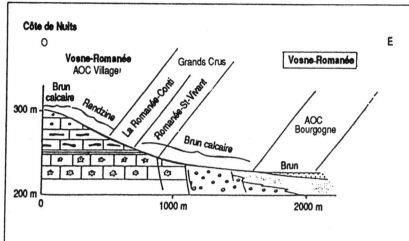

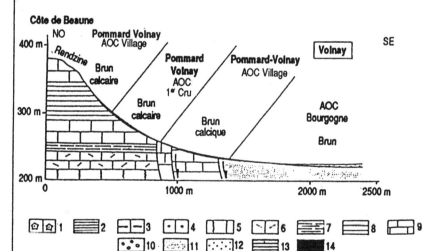

L'ossature jurassique de la Côte : 1, calcaire à entroques (Bajocien) ; 2, marnes à *Ostrea acuminata* (Bajocien supérieur) ; 3, pierre de Prémeaux ; 4, oolite blanche, calcaires oolithiques et bioclastiques (Bathonien moyen) ; 5, calcaire de Comblanchien avec, dans le sud (b), les marnes à *Pholadomya bellona* (Bathonien moyen) ; 6, dalle nacrée (Callovien) ; 7,marno-calcaires et marnes de Pernand (Oxfordien moyen) ; 8, marnes de Pommard (Oxfordien supérieur) ; 9, calcaires de Nantoux (Oxfordien supérieur) ;13, intercalations marneuses entre 4 et 5.
Remplissage du fossé bressan ; 10, conglomérats, calcaires et argiles (Oligocène) ; 11, marnes, sables et cailloutis (Plio-Pléistocène).
En couverture ; 12, alluvions, limons d'épandage ; 14, colluvions,éboulis calcaires.

Source : *Terroirs et Vins de France*, Editions du B.R.G.M., 1985, P.89.

Document 6. Hiérarchie des appellations et des valeurs marchandes (1964-1965).

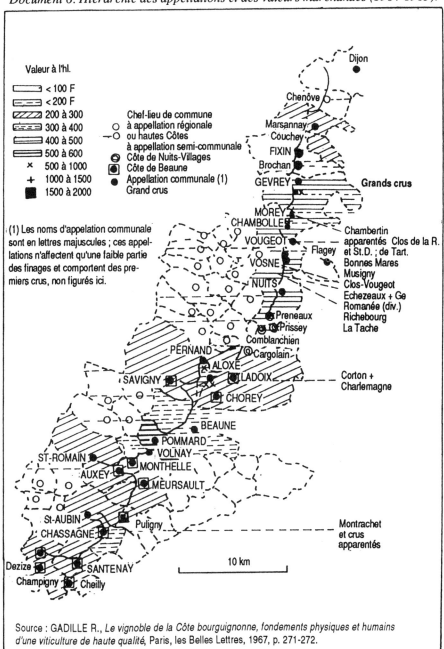

Source : GADILLE R., *Le vignoble de la Côte bourguignonne, fondements physiques et humains d'une viticulture de haute qualité*, Paris, les Belles Lettres, 1967, p. 271-272.

2.1. Au carrefour de l'Europe de l'Ouest

La consultation d'une simple carte routière permet de préciser la situation de la Côte d'Or par rapport à l'isthme français Paris-Lyon-Marseille, mais aussi sur l'axe Rhin-Rhône. La Bourgogne est un carrefour historique. Les axes de circulation dans le cadre des cartes le montrent : la Côte d'Or est l'axe majeur de la circulation méridienne dans la partie orientale de la France. Notez la disposition de ces voies de circulation : la N74 de Langres à Chagny *via* Dijon passe sur le piedmont de la Côte par Nuits-Saint-Georges et Beaune ; la voie ferrée Paris-Lyon-Marseille passant par Dijon est au contact piedmont-plaine, juste à l'est de Nuits-Saint-Georges et de Beaune. Les autoroutes A31 et A6 passent encore plus à l'est, dans la plaine, un peu au-delà de la limite du piedmont. Remarquez ce glissement vers l'est des axes de circulation qui prennent de la place, mais qui bénéficient toujours de la proximité de la Côte ou de son piedmont avec ses sols plus secs et donc de meilleure qualité pour de tels équipements. La qualité de ces sols égouttés explique que ces axes de circulation majeurs soient excentrés par rapport à l'axe de la vallée de la Saône, plus à l'est.

Notez aussi la situation de Beaune par rapport aux autoroutes : vers Beaune convergent, *via* les plateaux bourguignons et la vallée du Rhoin, l'autoroute du Soleil (A6) depuis Paris, l'autoroute A36 (la Comtoise) qui arrive de la porte d'Alsace, l'autoroute A31 de la Lorraine et l'autoroute A6 vers le sud et la région lyonnaise. Pareille à Dijon, pôle ferroviaire, Beaune devient le plus important pôle autoroutier de France après Paris. Cette position stratégique ne peut que favoriser un vignoble de qualité qui nécessite de bonnes infrastructures de circulation, comme en témoignent le type et le nombre de maisons du négoce (*doc. 7* ; 1 point = 1 maison sur la carte).

2.2. Une occupation ancienne de cet espace stratégique

Vous noterez l'existence de nombreux vestiges gallo-romains jalonnant le contact piedmont-plaine : par exemple les vestiges gallo-romains à l'est de Prissey, ou encore les fouilles gallo-romaines au sud de Nuits. Ces vestiges montrent l'ancienneté de l'occupation de cette voie de passage. Les premières vignes dateraient de cette époque. Elles sont en tout cas millénaire. Au Moyen Âge, Beaune était une petite ville fortifiée : on retrouve dans son plan les traces des fortifications à la place desquelles est établi un boulevard circulaire. Le plan *intra muros* est classique des villes médiévales : rues tortueuses avec la cathédrale au centre, forte densité du bâti. Notez la présence des fameux hospices de Beaune, ainsi que l'hôtel-Dieu. La ville est un centre actif du négoce du vin depuis le Moyen Âge et l'est restée : à la fin du XVIIe siècle par exemple, Louis XIV prenait, sur les conseils de son médecin, du nuits et du romanée *(réf. doc. 5)*. Cette simple anecdote montre l'existence d'une production de qualité et l'existence d'un marché du vin en relation avec des voies de circulation conséquentes. Au-delà de l'enceinte, on trouve des faubourgs aux toponymes religieux (Saint-Martin, Saint-Nicolas, Saint-Jacques) qui s'étirent le long des anciennes voies de circulation parallèlement au tracé de la Côte : c'est plus

Document 7. Répartition des maisons du négoce sur la Côte d'Or.

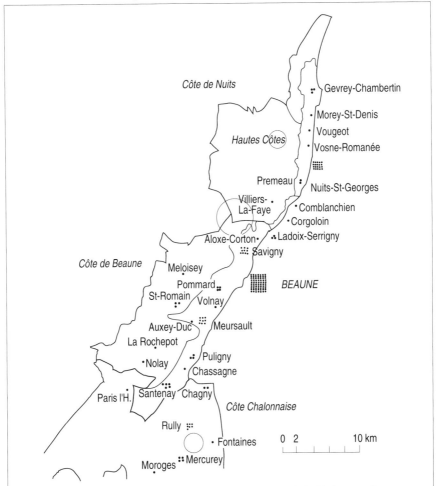

Prenons une maison typiquement beaunoise née du transfert classique de la viticulture au négoce, avec abandon total de la viticulture pour se consacrer exclusivement au commerce. Par un patient et méthodique travail, une activité sans répit, elle a grossi en boule de neige, constituant une, puis deux sociétés à Beaune, une à Londres, une à Bordeaux. Aux périodes de crise, années 20, 30, 39-40, elle absorbe des maisons défaillantes dont elle conserve les noms, ce qui lui permet de jouer sur plus de 35 sous-marques attachées à se maintenir chacune sa clientèle adaptée. La clientèle comprend tous les secteurs traditionnels en des proportions à peu près constantes : consommateurs directs, détaillants, par l'intermédiaire de représentants maintenus aux taux traditionnels et répartis dans toute la France ; grossistes ; à l'exportation, qui absorbe près de 60 %, l'essentiel est procuré par la firme de Londres, le Canada, la zone franc et les Etats-Unis figurent ensuite comme clients principaux. La maison s'intéresse peu aux foires—laissées à l'initiative des agents locaux—ne s'occupe pas des méthodes ou circuits modernes de distribution. Si l'on exclut le pourcentage d'affaires traitées avec la clientèle particulière et les détaillants, qui maintiennent le contact avec le consommateur et ses exigences, on peut considérer une telle maison comme un relai au premier degré entre la production et la distribution.

particulièrement vrai pour le faubourg Saint-Nicolas vers le nord. On notera comme un hiatus dans l'extension de la ville entre la période médiévale et le XXe siècle : ainsi le faubourg Saint-Nicolas est-il directement ceinturé par les extensions comtemporaines (un lycée et un L.E.P. avec son terrain de sport à l'ouest, la piscine et la caserne de gendarmerie à l'est). La ville semble s'être ainsi cantonnée dans son rôle de capitale des vins de Côte d'Or jusqu'à une date récente. L'autre ville de la Côte, Nuits-Saint-Georges, présente des ressemblances avec Beaune : elles sont toutes deux situées sur le piedmont de la Côte, l'une au débouché de la vallée du Meuzin, l'autre un peu décalée par rapport au débouché de la vallée du Rhoin. Elles sont bâties sur le même modèle : un vieux centre médiéval avec un anneau de boulevards sur l'emplacement des anciens remparts. La route nationale, qui reprend l'ancienne route de la Côte, aborde de la même façon l'anneau de boulevards. La croissance des deux villes est assez similaire dans les deux cas en forme, mais pas en importance : Beaune rassemble 21 100 habitants sur la carte de 1989 (20 000 sur l'édition de 1980) tandis que Nuits n'en rassemble que 5 500 (5 100 en 1980).

2.3. *Un espace exigu spatialement disputé*

La Côte est un espace spatialement restreint : la dérive (déjà signalée) vers l'est, c'est-à-dire vers la plaine, des axes de circulation de plus en plus récents, illustre une concurrence spatiale de plus en plus sévère entre activités humaines parfois complémentaires mais souvent contradictoires.

A — Une croissance urbaine bridée

La transformation de Beaune en pôle autoroutier amène de nouvelles activités à la ville : la comparaison entre l'édition de 1980 et l'édition de 1989 montre l'extension de la zone industrielle et l'apparition d'une fabrique isolée au Coiffant, le tout à proximité de l'échangeur autoroutier. La ville traditionnellement capitale du vignoble de la Côte d'Or voit donc ses activités se diversifier. La croissance de la population et l'ajout de quartiers pavillonnaires en périphérie urbaine montrent une certaine frénésie urbaine en relation avec la nouvelle dimension qu'offre le statut de deuxième pôle autoroutier de France. La contrepartie à cette croissance est que cette ville est garottée : à l'ouest s'étend le vignoble – la vigne est classée en zone non constructible et entrave le développement dc Beaune vers l'ouest *(doc. 8)*. À l'est, la voie ferrée dans un premier temps et, actuellement, l'autoroute qui contourne la ville par le nord gênent la croissance de la ville. La croissance urbaine se fait pourtant préférentiellement vers le nord et vers le sud. La ville s'étend moins vite vers le sud-est. Coincée entre le vignoble à l'ouest, l'autoroute au nord et à l'est, il ne reste plus que le sud-est pour s'étendre, secteur qui ne semble pas, d'après l'extension actuelle, un secteur de prédilection pour l'extension urbaine de Beaune. On remarquera toutefois la présence d'un mitage de l'espace rural du talus de la côte de Beaune à l'ouest de Beaune, en relation avec la croissance des activités de la ville. Vous noterez à ce propos, sur le *document 8*, la transformation du statut de la terre au sommet de la Côte : on voit apparaître un zonage 1NA et un zonage ND qui préfigure un futur grignotage du vignoble par l'urbanisation. On peut penser

Document 8. Plan d'occupation simplifié de l'ouest de Beaune (contact Beaune-Vignoble).

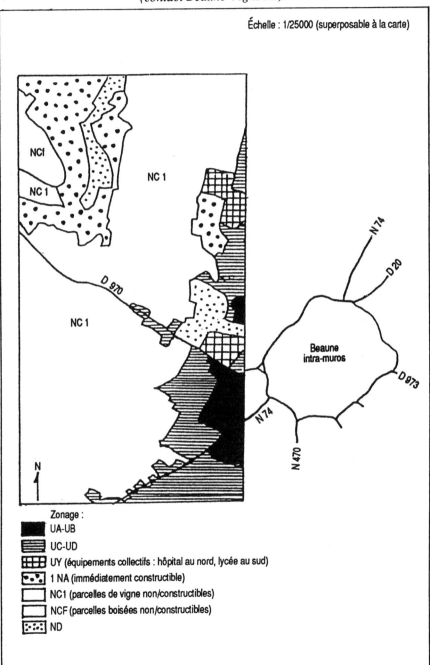

Échelle : 1/25000 (superposable à la carte)

Zonage :

- ■ UA-UB
- ▤ UC-UD
- ⊞ UY (équipements collectifs : hôpital au nord, lycée au sud)
- 1 NA (immédiatement constructible)
- NC1 (parcelles de vigne non/constructibles)
- NCF (parcelles boisées non/constructibles)
- ND

qu'il s'agit là d'un habitat aisé d'après la qualité du site (remarquez sur la carte les deux points de vue sur Beaune et au-delà la plaine, avec une table d'orientation). La ville tendrait ainsi à intégrer le vignoble de la Côte en l'assimilant à une coupure dans le tissu urbain. La ville de Nuits présente, avec moins d'acuité, les mêmes caractéristiques.

B — Côte viticole contre Côte de pierres

Les axes de circulation facile le long de la Côte ont permis traditionnellement des relations entre la Côte et les autres grandes régions françaises, entre autres la région parisienne. Ces axes permettent encore à l'heure actuelle le développement d'une exploitation de la Côte sous forme de carrières. Vous noterez, depuis le village de Buisson jusqu'à Nuits-Saint-Georges, la présence de carrières d'exploitation du calcaire dit comblanchien, qui génère de vastes cavités dans la Côte. Ces carrières à ciel ouvert sont pour certaines d'anciennes carrières (au sud-ouest de Nuits-Saint-Georges, par exemple) et pour d'autres des carrières encore fonctionnelles (carrière de Comblanchien, par exemple, avec ses chemins d'accès aux différents sites d'extraction). L'ampleur de ces carrières altère le paysage de la Côte, spectaculairement au niveau de Comblanchien. Ces carrières ont pour objet l'extraction d'une pierre de taille de qualité pour la construction locale aussi bien que pour le marché parisien, marché demandeur de pierres de taille de qualité – le marbre rose et le calcaire de Comblanchien – depuis le second Empire (*Guides géologiques régionaux : Bourgogne, Morvan,* Masson, 1972, p. 72). Ces multiples cavités dans la Côte lui valent l'appellation de « Côte des pierres ». On pourra noter la concurrence spatiale entre les carrières et le vignoble : certaines carrières sont taillées dans le versant abrupt de la Côte ; d'autres, en revanche, sont cernées par le vignoble : contact entre la base des carrières et vignoble qui s'insère dans le site d'extraction à la faveur d'un lambeau de Côte non exploité (ouest-comblanchien). Des dépôts (« morts-terrains ») peuvent aussi être répandus sur le piedmont au détriment de la vigne : lieu dit Vieville, à l'ouest de la N74 entre Comblanchien et Corgoloin.

3.   En marge de la Côte d'Or : montagne, arrière-côte et plaine laissées pour compte

De part et d'autre de la Côte apparaissent des secteurs qui semblent, par contraste, plus déshérités et qui n'entretiennent apparemment avec ce foyer d'activité qu'est la Côte que peu de relations.

3.1. Montagne et arrière-côte dans l'ombre de la Côte d'Or

A — Une arrière-côte à la remorque de la Côte

Immédiatement à l'ouest de la Côte s'étend l'arrière-côte, que l'on peut suivre jusqu'à un escarpement qui court depuis Saint-Romain jusqu'à Bessey-en-Chaume et qui est relayé par la vallée du Rhoin au-delà. Cette arrière-côte correspond à un gradin dénivelé entre la Montagne à l'ouest de cet escarpement et la Côte *(doc. 1 et 3).*

Ce gradin est intensément disséqué par des vallées sèches ou drainées. Les villages se localisent en majorité dans le fond de ces vallées : Bouze-les-Beaunes, Nantoux, Meloisey, par exemple dans l'arrière-côte de Beaune ; Meuilley, Arcenant, Chevannes dans l'arrière-côte de Nuits. Sur les versants bien exposés s'étend un vignoble de qualité moindre que le vignoble de la Côte. La forêt recouvre presque systématiquement le sommet des interfluves, sauf là où la roche affleure à nu et détermine un modelé karstique (notez les champs de pierres, ou encore le « champ maigre », près du village de Chaux). On remarquera le développement de friches (broussailles) dont le finage de la commune de Meloisey est un bon exemple : on constate que les friches y progressent au détriment de la vigne et on y remarque l'interpénétration de parcelles de vigne et de parcelles en friche sur le versant dominant la combe aux Alouettes. Cette déprise semble se généraliser et trahit la crise du vignoble de haute côte qui n'a pas la même renommée que le vignoble de la Côte.

B — La montagne déshéritée

À l'ouest de l'escarpement apparaît le gradin de la montagne. Cet escarpement massif, peu festonné, est morphologiquement assez complexe *(doc. 3)* : en réalité, deux escarpements se font face de part et d'autre du sillon qui court de Saint-Romarin jusqu'à Mandelot : celui qui regarde vers l'est peut être qualifié d'escarpement composite (escarpement originel avec recul par érosion au sommet ; escarpement de ligne de faille dégagé dans les formations du Lias à la base) ; celui qui regarde vers l'ouest est un escarpement de ligne de faille inversé. Le sillon est une dépression de ligne de faille qui, à partir de Meloisey, est en inversion de relief.

La montagne est un désert humain avec une forêt omniprésente. Quelques clairières sont ouvertes dans la forêt. On remarquera la présence de haies dans ces clairières (ouest du mont Single, Bessey-en-Chaume, Crépey) qui révèlent une activité d'élevage. On est bien loin des préoccupations de la Côte. C'est une montagne sèche, avec quelques sources. Les toponymes semblent évoquer la difficulté de vie : bois des Poisses, combe Froide, bas de Loque, les Pains Perdus, les Creux Mourand...

3.2. La plaine humide à prairies et forêts

La plaine de la Saône correspond à un fossé d'effondrement *(doc. 1 et 3)* remblayé en partie par des sédiments (en affleurement : un peu d'Oligocène au pied de la Côte et partout des formations plio-quaternaires fluvio-lacustres qui se manifestent par un modelé peu prononcé qui évolue par dissection).

– C'est une plaine humide avec un réseau hydrographique à fleur de plaine ou légèrement encaissé, issu des exsurgences sur le piedmont (la Bouzaise, par exemple) ou des cours d'eau provenant d'exsurgences dans l'arrière-côte ou la Montagne (le Rhoin, l'Avant-Dheune). Les cours d'eau suivent la pente générale de la plaine vers le sud-est. L'humidité de la plaine transparaît par les sablières remplies d'eau à l'est de Prissey, par les multiples étangs de la plaine et quelques marécages (notez les toponymes en « mares », en « marais »), par des puits, des

Document 9 : carte de Beaune et Nuits-Saint-Georges

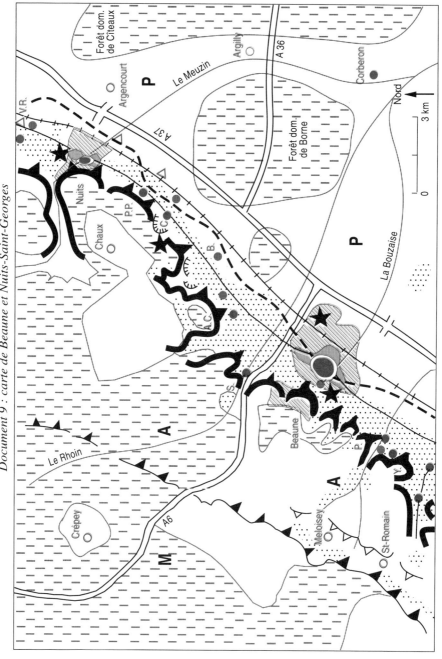

Légende du croquis page ci-contre

1 – L'or de la Côte : un des plus célèbres vignobles français sur la plus riche côte de Bourgogne
1–1. La Côte : conditions physiques idéales pour un vignoble de qualité

Côte (escarpement composite) festonnée par des vallées diverses (combes, vallées drainées)

Limite piémont-plaine (coïncidant approximativement avec la courbe de niveau 230 m)

1–2. Les paysages des deux vignobles de la Côte-d'Or : côte de Beaune et côte de Nuits

Vignobles

Villages du vignoble ● Principales sources

2 – La Côte-d'Or : un espace linéaire exigu stratégique et disputé
2–1. Au carrefour de l'Europe de l'Ouest

Routes principales

++++++ Voies ferrées Autoroutes et échangeurs

2–2. Une occupation ancienne de cet espace stratégique

△ Vestiges gallo-romains

Villes à plan médiéval (Beaune et Nuits-Saint-Georges) – ville *intra-muros*

Faubourgs médiévaux

2–3. Un espace exigu spatialement disputé

Extension d'urbanisation

Carrières

★ Secteurs à forte concurrence spatiale (carrières-vignoble ; urbanisation-vignoble ; urbanisation-axe de circulation)

3 – En marge de la Côte-d'Or : montagne, arrière-côte et plaine laissées pour compte
3–1. Montagne et arrière-côte dans l'ombre de la Côte-d'Or

Escarpement délimitant la montagne (composite au sud, originel au nord)

Escarpement (de ligne de faille inversé) encadrant à l'est la dépression de Saint-Romain

A Arrière-côte

M Montagnes

Vignobles de l'arrière-côte

Forêts

Clairières d'élevage en montagne, friches sur l'arrière-côte

○ Principaux villages

3–2. La plaine humide à prairies et forêts

P Plaine bressanne Forêts

Paysage de champs ouverts ○ Principaux villages

sources (qui viennent compléter celles déjà signalées au niveau du piedmont comme la fontaine Rambourg à 1,2 km au sud-est de Comblanchien). On notera le degré d'hydromorphie de la plaine à la densité des canaux et fossés de drainage, par exemple, à l'est de Beaune, entre Challanges, Combertault et l'aérodrome de Beaune-Challanges.

– La plaine présente un paysage à dominante de champs ouverts parsemés de petits villages et de quelques fermes intercalaires ; on notera la présence de quelques villages-rues typiques des villages de défrichement : c'est le cas, par exemple, d'Agencourt, à 2,5 km à l'est de Nuits-Saint-Georges – le village s'étire sur 1 km le long de la D8. De part et d'autre de la rue se trouvent les maisons ; au-delà, attenant à chaque maison, les jardins ; au-delà encore, les prairies et terres cultivées. La majorité des terroirs semble des prairies d'après les nombreux toponymes en « pré » : pré Sauvage, pré Chenevey entre Villy-le-Moutier et Corberon à l'est de la forêt domaniale de Borne, ou en « pâquiers », « patis ».

– Les forêts sont bien développées dans la plaine et sont en majorité exploitées (réseau géométrique de chemins d'exploitation dans la forêt de Borne, quelques scieries à Cussigny, par exemple). On les trouve préférentiellement sur les interfluves de la plaine, en position légèrement surélevée. La forêt devait recouvrir une grande partie de la plaine et a progressivement été défrichée : notez la présence de la partie occidentale de la grande forêt domaniale de Cîteaux, qui rappelle l'implantation de l'abbaye cistercienne au Moyen Âge et des premiers grands défrichements.

Conclusion

Les deux cartes présentent en définitive un espace exigu, car linéaire, intensément exploité depuis des siècles et sur lequel se pose le problème d'une concurrence entre des activités. Cet espace tranche sur son environnement qui, traditionnellement, a toujours existé en marge du dynamisme de la Côte. En dépit de l'influence des deux grandes villes à proximité (Dijon au nord et Chalon-sur-Saône au sud), la Côte s'est forgé une originalité, une cohérence et une certaine indépendance étroitement associées à l'exploitation du vignoble. On ne pourra, à propos de la Côte, que citer R. Gadille *(réf. doc. 4 p. 45)* : « Le paysage profondément humanisé de ses versants, tapissés de vignes amoureusement soignées, et jalonnés de gros villages opulents aux noms sonores et illustres, témoigne de l'éclatante réussite du système, inséré dans un cadre naturel particulièrement apte, par son extrême diversité, à le faire triompher, puis à en assurer la permanence. »

Chapitre 4

Cartes de Challans
et Beauvoir-sur-Mer

Documents à consulter :

Cartes à 1/25 000 de Challans et Beauvoir-sur-Mer.

Documents présentés :

Document 1 : Photographie aérienne oblique prise par M. Robin le 6 février 1988 au-dessus de Sallertaine, en période d'inondation.

Document 2 : Cartes de zonation au XVIIᵉ siècle et actuellement dans le marais breton ; BAUDET J., GRUET Y., MAILLARD Y., « Les remaniements historiques du régime des eaux d'un marais littoral : le marais breton-vendéen », *Norois*, n°133-135, 1987.

Document 3 : Évolution schématique de la gestion hydraulique le long d'un axe hydrographique traversant le marais, BAUDET J., GRUET Y., MAILLARD Y., *op. cit.*

Document 4 : Seuillage sur la bande XS3 d'une image SPOT-1 enregistrée en période d'inondation le 18 février 1988 (traitement Imar-Igarun).

Document 5 : Texte tiré de LEFEVRE V. et RENARD J., « Tourisme, agriculture et habitat dans l'intérieur des marais de Monts », *Cahier nantais* n°18, 1980.

Document 6 : Les prises de la Crosnière et de ses environs et la date de leur conquête, VERGER F., *Marais et Wadden du littoral français, étude de géomorphologie*, Paradigme, 1987.

Document 7 : P.O.S. simplifié du pays de Monts, MARCADON J., « L'urbanisation touristique au contact du marais breton dans le pays de Monts », *Cahier nantais* n°18, 1980.

Document 8 : Croquis principal.

Les deux cartes à 1/25 000 de Challans et Beauvoir-sur-Mer correspondent à la carte à 1/50 000 de Challans (extrémité nord-ouest du département de Vendée). Elles présentent des espaces fortement contrastés avec des limites bien définies. À l'est : un plateau portant un bocage avec, jalonnant la limite du plateau, des petites villes ou des villages. Ce plateau avance un éperon vers l'ouest à l'extrémité duquel se situe Beauvoir-sur-Mer. Cet éperon partitionne en deux ensembles une vaste plaine horizontale, au niveau des plus hautes mers de vive eau, où l'eau et sa gestion constituent la clé du paysage : au nord, le marais breton ; au sud, le marais de Monts. À l'ouest, les limites littorales de cette plaine opposent le littoral de la baie de Bourgneuf à celui du pays de Monts. La netteté de ces divers contrastes tant physiques qu'humains justifie, ici, une présentation thématique des cartes en ensembles homogènes (le plateau, le marais, la facade littorale) d'autant plus que chacun des ensembles suit une évolution qui lui est propre. La carte permet de cerner au mieux ces diverses mutations qui s'expriment dans les paysages.

1.   À l'est : un plateau bocager en mutation, limité par une falaise morte

1.1. Un plateau limité par une falaise morte

Le plateau est à une altitude moyenne de 30-40 m et s'abaisse progressivement jusqu'au coteau qui le limite. Il est incisé par une multitude de cours d'eau qui s'écoulent vers le marais à l'ouest. Le dessin du coteau suit des lignes de failles (remarquez les limites rectilignes de l'éperon, notamment au niveau de Saint-Gervais). Ce coteau est une ancienne falaise, encore battue par la mer au haut Moyen Âge. C'est une falaise morte. Notez les toponymes des hameaux, par exemple entre Bois-de-Céné et Beauvoir-sur-Mer : l'île Chauvet, Les Îles, Belle-Île, La Rive, le Pas-de-l'Île… qui perpétuent la notion de littoral en assimilant le marais à la mer. D'ailleurs, en période d'inondation, le coteau redevient rivage (*doc. 1 :* photographie oblique prise en période d'inondation au niveau de La Bourrie. L'inondation s'étale dans le marais au second plan. Au premier plan, le plateau limité par l'ancienne falaise morte).

1.2. Un plateau traditionnellement bocager

Le paysage rural est typique du bocage. L'habitat est dispersé sous forme de hameaux de trois ou quatre fermes. Les parcelles, de forme quadrangulaire, sont toutes entourées par une haie. Les chemins ruraux sont nombreux. Les parcelles boisées sont émiettées sur les territoires communaux. Ici et là, on peut noter la présence de petites parcelles de vigne. Les communes sont de grande taille : suivez, par exemple, la limite communale de La Garnache, commune dont le diamètre mesure 6-7 km. Notez, là encore, la richesse des toponymes qui soulignent, tantôt le milieu naturel difficile (Les Brandes, Le Genêt-Herbault, La Lande, La Noue) tantôt une activité spécifique (La Vigne, Le Vigneron, Les Épinards, La Châtaigneraie, Le Verger, Le Moulin-Neuf, La Fouasserie, Le Chiron), un aspect religieux

(La Croix, Sainte-Marie-de-la-Véronnière, Saint-Nicolas, Saint-Laurent, Sainte-Hélène...), un aspect historique (les Héros, La Croix-des-Héros, le Fief).

1.3. Un plateau en mutation

– Cette mutation se remarque d'abord par l'arrachage des haies et l'apparition de lots de parcelles non encloses (la trace des haies arrachées se manifeste encore par un linéaire qui peut ne pas être identifié sur la carte – cf. légende de la carte topographique « linéaire non identifié » qui poursuit, généralement, les haies encore fonctionnelles). Le remembrement en est responsable.

– Cette mutation se remarque ensuite par l'apparition d'un semis de bâtiments d'élevage industriel de canards ou de poulets (élevage avicole), particulièrement le long du coteau, depuis Beauvoir-sur-Mer au sud de Challans, en passant par Sallertaine (remarquez sur la photographie, *doc. 1*, la présence de bâtiments d'élevage avicole au premier plan).

Document 1 : Photographie aérienne oblique prise par M. Robin
le 6 février 1988 au-dessus de Sallertaine, en période d'inondation

– Cette mutation se remarque enfin par un mitage de l'espace rural par les résidences principales ou secondaires préférentiellement le long des routes en bordure du coteau (le long de la route reliant Beauvoir-sur-Mer à Saint-Gervais, par exemple) mais aussi et surtout à partir de Challans. Challans est une petite ville d'environ 13 000 habitants qui domine le plateau. Son plan est étoilé : un noyau dense vers lequel convergent huit routes le long desquelles s'égrennent des pavillons. Notez la dissymétrie de la croissance de la ville vers le sud-est. C'est une petite

Document 2. Carte 1. Zonation supposée du marais breton vers 1700 (sur fond de carte de Masse, 1704 et 1705).
Carte 2. Zonation actuelle du marais breton.

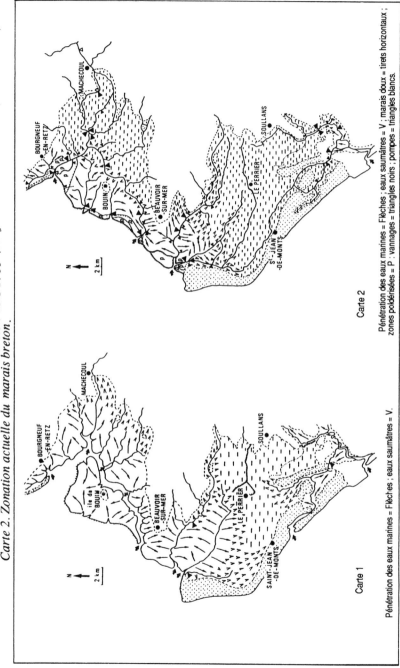

Carte 2

Pénétration des eaux marines = Flèches ; eaux saumâtres = V ; marais doux = tirets horizontaux ; zones poldérisées = P : vannages = triangles noirs ; pompes = triangles blancs.

Carte 1

Pénétration des eaux marines = Flèches ; eaux saumâtres = V.

Source : BAUDET J., GRUET Y., MAILLARD Y., *Les Remaniements historiques du régime des eaux d'un marais littoral : le marais breton vendéen*, Norois, n° 133-135, 1987.

ville dynamique : présence d'un palais des expositions, par exemple, qui dénote une volonté d'ouverture. Quelques fabriques diverses sont établies près de la gare (voie ferrée Saint-Gilles-Croix-de-Vie-Nantes) et du stade.

2. Une plaine maritime humide où la gestion de l'eau détermine les paysages

2.1. Une plaine horizontale où la gestion de l'eau est la clé du paysage

A — Un niveau de base produit par le colmatage des anciens golfes de Challans et Machecoul

Pour toute une série de petits fleuves côtiers, le marais breton-vendéen se comporte comme un niveau de base intermédiaire entre le coteau qui le borde à l'est et la mer à l'ouest. Dans le marais de Monts, les rivières de la Seudre et du Grand Taizan convergent dans le Grand Étier de Sallertaine qui débouche dans la baie de Bourgneuf au nord de La Barre-de-Monts. À cet endroit arrivent également les eaux de deux autres étiers importants : celui du pont Angelier et le canal de la Taillée. Ce niveau de base est le produit du colmatage de l'ancien golfe de Challans au sud de l'éperon de Beauvoir et de celui de Machecoul au nord de l'éperon par le « bri flandrien » (sol argileux déposé par sédimentation en arrière des flèches sableuses du pays de Monts). Ce colmatage naturel a été accéléré par des travaux de poldérisation (conquête de terres sur la mer par endigage) et de drainage du marais (creusement de fossés, installation d'écluses sur les étiers) *(doc. 2)*. Des restes de cet épisode de sédimentation se retrouvent dans le tracé des limites de parcelles : un réseau de fossés, d'étiers, de drains, fonctionnels ou non, se superpose, en l'organisant, à une géomorphologie originelle de schorre et de slikke progressivement conquise. Notez, par exemple, le tracé des étiers du pré Dorin et des Bouchots qui se jettent dans le canal du Dain à l'amont du port de Bec : ces étiers décrivent des micro-méandres reprenant le tracé d'anciens chenaux de marée sur un estran. Notez aussi la présence d'anciennes îles : Sallertaine, le fief de la Villatte, Bouin, que l'on remarque par leur paysage différent de celui du marais et par leur altitude au-dessus du marais.

B — Les compartiments hydrauliques et la gestion hydraulique

Ces fleuves côtiers constituent les axes autour desquels s'organise la gestion hydraulique du marais. Cette gestion s'effectue au sein d'unités homogènes : les compartiments hydrauliques. Ceux-ci sont délimités naturellement (coteaux, cordons dunaires) et artificiellement (digues, chaussées). La gestion hydraulique est fondée sur la maîtrise de l'eau dans les étiers et donc dans le marais par l'intermédiaire de vannages disposés sur les étiers *(doc. 3)*. Au sein d'un compartiment hydraulique, on peut distinguer schématiquement un double vannage sur l'axe hydraulique : le premier dit « à la mer » au débouché de l'étier ; le second, interne, localisé au contact du marais doux avec le marais salé. Cette gestion comporte des phases saisonnières qui doivent tenir compte des cycles de marées et des variations

Document 3. *Évolution schématique de la gestion hydraulique le long d'un axe hydrographique traversant le marais.*

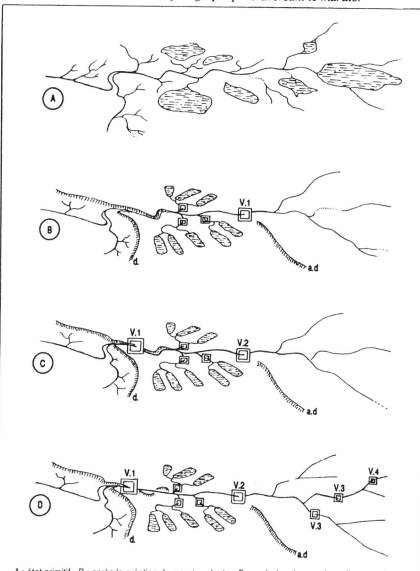

A : état primitif - B : après la création de marais salants - C : après la mise en place d'une gestion estivale pour l'ensemble des marais salants - D : étape récente avec aménagements dans le marais doux (vannages = carrés ; digue = d ; ancienne digue = a.d ; vannage à la mer = V1).

Source : *Le Marais breton-vendéen,* Norois, n° 133-135, 1987.

de la pluviométrie. (En hiver, les vannes internes sont toujours levées tandis que les vannes à la mer ne sont levées qu'à marée basse pour évacuer en mer les eaux douces excédentaires. En été, les vannes internes sont fermées pour conserver le maximum d'eau douce et entraver théoriquement l'arrivée des eaux salées tandis que les vannes à la mer sont levées à marée haute pour amener l'eau salée dans le marais salé).

C — Problèmes d'évacuation des eaux et inondations
La gestion hydraulique permet de maintenir un certain niveau d'eau dans un compartiment hydraulique. En cas de précipitation, l'excès d'eau est évacué. Toutefois, au-delà d'un certain seuil d'eau précipitée, l'inondation se répand dans le marais et se maintient aussi longtemps que durent les précipitations qui l'ont engendrée et qui l'entretiennent. L'inondation manifeste la difficulté d'évacuation des eaux pluviales et fluviales en raison de l'éloignement de la mer, de la proximité des débouchés des bassins versants continentaux dans le marais, d'une topographie légèrement déprimée par rapport aux pleines mers de vive eau. Le *document 4* présente la bande XS3 (proche infrarouge) de Spot. Un seuillage a été pratiqué pour isoler des classes d'égale radiométrie à signification hydrologique. L'inondation se cantonne à l'est du marais, au pied du coteau, au débouché des petits fleuves côtiers. Elle est importante dans le secteur de Sallertaine, mais l'est moins dans celui du Perrier, à l'exception de sa partie est. Dans sa partie nord, une chaussée contient l'inondation qui affecte le compartiment de Sallertaine. On remarque ce contraste sur l'enregistrement satellitaire ainsi que sur la photographie *(doc. 1)* à l'arrière-plan.

2.2. *Les trois paysages de marais*

Le marais breton-vendéen se subdivise schématiquement en trois ensembles. Cette subdivision repose traditionnellement sur des facteurs topographiques, hydrauliques et humains.

A — Accolés au coteau qui les borde à l'est, les *marais plats* (ou doux) sont les plus anciens. Ils ont une vocation agricole. L'altitude moyenne des marais plats est comprise entre 0 et 2 m N.G.F. Les parcelles y sont de formes polygonales généralement irrégulières et assez massives. Elles sont délimitées par des fossés. L'entretien de ces fossés par le curage engendre la création d'un bourrelet de terre de part et d'autre du fossé. La parcelle type est donc ceinturée par le produit du curage et se comporte comme un réceptacle à rétention temporaire en période humide (notez les mares). Quatre familles de structure du parcellaire peuvent être mises en évidence : la première, de type radial, s'exprime par un réseau de drains formant des rayons à partir d'un îlot du marais, d'un centre habité ou d'une parcelle portant une ferme. Cette famille signale une volonté de mise en valeur systématique et méthodique du marais. On en trouve autour de l'île Chauvet, du fief de la Villatte, au sein de la commune du Perrier dont la totalité du parcellaire s'organise sur ce modèle, ceinturé de toute part par des chaussées. La seconde famille signale une mise en valeur plus récente du marais. Deux types de structures s'observent : un

Document 4 : Seuillage sur la bande XS3 d'une image SPOT-1 enregistrée en période d'inondation le 18 février 1988 (traitement Imar-Igarun).

type quadrillé, par exemple, entre l'étier de Sallertaine et le moulin de la Chaussée ; ce type est probablement plus récent que le second type, polygonal, sans géométrie particulière, que l'on peut observer, par exemple, au sud de l'île de Sallertaine. Une troisième famille de parcelles apparaît de part et d'autre de la limite communale ouest du Perrier : les parcelles y sont très allongées et minces. Elles sont établies sur un faîte sédimentaire créé par un wantij, à l'époque du colmatage du golfe de Challans (Verger, 1985).

Dans le marais, la fonction première, en crise d'ailleurs, est l'élevage *(doc. 5)*. L'habitat est dispersé sous forme de hameaux.

Document 5 : La crise du marais breton

[_] À une étonnante prospérité de la fin du siècle dernier a succédé une lourde ankylose des structures et un déclin, voire un abandon des spéculations qui ont fait la fortune du marais. Le diagnostic est connu, il a été abondamment décrit, notamment par F. Verger il y a 30 ans et plus récemment dans un document de la Chambre d'Agriculture paru sous forme de Livre Blanc au début de l'année 1980. Une combinaison de facteurs constitue une structure dont chaque élément cimente la totalité : le vieillissement de la population agricole, la faible productivité, l'extensivité, l'insuffisance des investissements, l'envahissement du sol par une herbe trop naturelle souffrant de l'absence d'engrais, des structures agraires émiettées, des parcelles et des exploitations trop petites, des prix de la terre surévalués s'expliquant par l'ancienne prospérité des taux de fermage qui découragent les jeunes, etc... Tous ces faits jouent en interaction pour contribuer à figer l'agriculture. À tous égards le Marais Breton est « l'homme malade » du département d'autant que les bocages voisins ont réussi en vingt ans une étonnante révolution agricole et qu'ainsi les retards du marais n'ont fait que s'accentuer.

Les premiers résultats du Recensement Général de l'Agriculture de 1980 confirment les retards pris depuis 1970. Alors que le nombre de bovins a augmenté en Vendée de 29 % en 10 ans, dans la commune du Perrier l'accroissement est seulement de 15 % et à Soullans de 18 % et à Saint-Jean-de-Monts leur nombre a même baissé de 1 %, alors que parallèlement les surfaces toujours en herbe augmentent dans la S.A.U., preuve d'extensivité.

Comment est-on arrivé à cette situation bloquée ? Les raisons sont multiples et interfèrent.

La première tient à l'inégale évolution agricole du marais et des bocages voisin. Jusqu'en 1950 le Marais Breton n'apparaît pas particulièrement défavorisé. Il vit encore sur le souvenir de son âge d'or de la fin du XIXe siècle. Sans doute souffre-t-il de son isolement et d'une voirie médiocre ainsi que d'un entretien insuffisant des étiers et canaux qui aboutit à noyer une bonne partie du marais chaque hiver, mais il dispose en abondance d'un foin estimé d'excellente qualité alors même que les bocages voisins manquent de fourrage. [_]

À partir de 1950 la révolution fourragère des bocages va renverser l'ordre des choses. Pour les exploitants du bocage les parcelles qu'ils possèdent ou qu'ils louent dans le marais deviennent secondaires. Elles leur assurent, sans travail, un complément apprécié mais qui n'est plus vital. Mais la main-mise des bocains sur des nombreuses parcelles va bloquer les restructurations nécessaires des agriculteurs du marais.

La seconde raison du retard tient aux hommes. Il n'y a pas eu alors localement une volonté de modifier le cours des choses. Aucune personnalité n'a eu suffisamment de prestige et de poids pour entraîner une prise de conscience. En 1955-1960 l'ingénieur Talureau et la mission d'aménagement des marais de l'Ouest n'ont pu dépasser les querelles des multiples syndicats des marais et proposer un programme suffisant pour améliorer l'hydraulique. [_]

Une troisième raison nous paraît essentielle, ce sont les conséquences du boom touristique du littoral qui indirectement ont pesé sur les évolutions du Marais Breton depuis 1950 et qui en définitive constituent l'une des clefs du malaise.

L'urbanisation touristique du Pays de Monts a entraîné une demande importante de main-d'œuvre vers le bâtiment et les commerces. De nombreux jeunes de l'arrière-pays, c'est-à-dire du marais, plutôt que de reprendre la petite exploitation familiale vont s'embaucher sur la côte. On leur offre les emplois sous-qualifiés qui leur conviennent. Parallèlement les agriculteurs déjà installés sur des mini-exploitations (F. Verger en 1951 recensait au Perrier 216 exploitations de moins de 5 ha, 73 de 5 à 10 et seulement 8 exploitations de plus de 30 ha) vont pratiquer la double activité, formule qui accentue le caractère extensif de l'agriculture, c'est-à-dire le maintien de l'herbe permanente.

La première conséquence de l'implantation du tourisme sur le littoral voisin fut donc de vider de sa main-d'œuvre de jeunes l'agriculture du marais et de perpétuer le système traditionnel. Indirectement l'activité touristique fournissait des revenus supplémentaires aux familles maraîchines, ce qui assurait le maintien des petites exploitations à la limite de la viabilité. [_]

Ce milieu humain va donc offrir une faible résistance à l'agression touristique lorsque dans un second temps, après avoir contribué à le vider de ses hommes (mais le tourisme littoral n'a pas été le seul facteur du déclin démographique du marais) celle-ci va toucher plus directement le marais par l'invasion de résidences secondaires. [_]

Source : Lefevre V. et Renard J., « Tourisme, agriculture et habitat dans l'intérieur des marais de Monts »,
Cahiers Nantais n° 18, 1980.

B — Les *marais salants* (ou « gâts » en cas de déprise salicole – cf. les toponymes « gâts » par exemple au nord de La Barre-de-Monts ou au nord de Beauvoir-sur-Mer), plus récents, viennent à l'ouest des marais plats. Leur altitude varie de 1 m N.G.F. dans les salines à 3 ou 4 m N.G.F. sur les bossis ou taillées. Dans les marais gâts et les marais salants, la structure du parcellaire s'organise à partir des salines, fonctionnelles (marais salants ou marais aquacoles) ou non (marais gâts). Celles-ci sont bordées par les bossis, séparées les unes des autres par un réseau complexe de petits étiers et de réserves d'eau (les *vivres*). Les bassins apparents mesurent en moyenne de 50 à 150 m de long pour une largeur de 20 à 30 m. Une orientation préférentielle des bassins semble apparaître à proximité du coteau. Ainsi, au nord de l'éperon de Beauvoir-sur-Mer. Cette orientation n'est cependant pas systématique et disparaît au-delà. Faut-il percevoir, lors de la construction de ces bassins, une influence de la dynamique éolienne au sol conditionnée par la disposition topographique ? Là encore on remarquera le semis de hameaux dispersés. On notera la reconversion de la fonction salicole de certains bassins en fonction conchylicole (par exemple les claires à huîtres au sud du port du Bec).

C — En bordure de mer s'étendent les conquêtes les plus récentes, à vocation agricole ou aquacole : les *polders* (des Champs, du Dain, de la Crosnière) ne dépassent pas 1 m N.G.F. et peuvent parfois se situer sous le 0 m N.G.F. Ils sont conquis sur la mer par étapes successives (*doc. 6* : les prises de la Crosnière). Une disposition rigoureusement géométrique des parcelles apparaît à partir de fossés principaux parallèles ou perpendiculaires à la digue qui ceinture la prise littorale. Les parcelles sont très étirées. On retrouve une disposition analogue de part et d'autre du Dain, bras de mer récemment poldérisé. Diverses utilisations en sont faites : agriculture et élevage, ostréiculture (polder du Dain), aéroclub (polder du Dain), ou friches.

3. Opposition entre le rivage artificiel face au wadden de la baie de Bourgneuf et le littoral dunaire et touristique du pays de Monts

3.1. Le littoral poldérisé et le wadden de la baie de Bourgneuf

Le rivage de la baie de Bourgneuf correspond à la digue de protection du polder le plus récent, aussi bien côté marais que côté île de Noirmoutier. La présence d'un ombilic de surcreusement (occasionné par une rupture de la digue et sa reconstruction contournant l'ombilic) sur la digue du polder de Sébastopol (étang du vide) signale l'importance de ces digues pour la protection des polders contre les inondations d'eaux marines. À l'embouchure des étiers, des petits ports de pêche se logent : le port de Bec, le port des Champs. En avant de la digue, l'estran vaseux se découvre largement à marée basse.

– Un *wadden* : l'estran est largement découvert à marée basse. Il s'étend entre l'île de Noirmoutier, à l'ouest, et les digues des polders du marais, à l'est. Il est plus relevé à l'est qu'à l'ouest (notez le zéro topographique), ce qui prouve une tendance au colmatage plus importante à l'est qu'à l'ouest.

– Le *wantig* : notez la présence d'une chaussée submersible à marée haute, le Gois. Cette chaussée se localise sur une surélévation de l'estran. Celle-ci est le fruit d'une sédimentation active, au niveau de la rencontre des flots, à marée montante, le *wantig* : un flot contourne l'île de Noirmoutier par le nord, l'autre passe par le goulet de Fromentine. La surélévation se remarque par la disposition des chenaux de marée sur l'estran : au nord du Gois, les chenaux se dirigent vers le nord ; au sud, les chenaux se dirigent vers le sud. Ce faîte sédimentaire est donc une ligne de séparation des eaux ruisselantes sur l'estran à marée descendante.

– Les chaînes de colmatage : notez la présence de chaînes de colmatage à l'est, le long des digues de protection des polders. Celle-ci signalent l'emplacement hypothétique d'un futur polder (vestige de digue). Le colmatage se trouve accéléré à l'intérieur des caissons ceinturés par ces vestiges.

– Remarquez l'importance des concessions conchylicoles sur l'estran, entre le Gois et le zéro hydrographique : parc à huîtres en majorité et quelques bouchots à moules.

Document 6. Les prises de la Crosnière et de ses environs et la date de leur conquète.

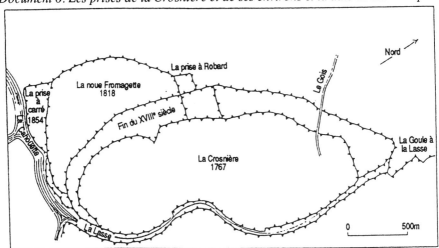

Source : VERGER F., *Marais et Wadden du littoral français ; étude de géomorphologie*, Paradigme, 1987.

3.2. Le littoral dunaire et touristique du pays de Monts

Cette façade littorale est déterminée par un large cordon dunaire. Notez l'allure arquée du cordon dunaire au niveau d'un môle (le pont d'Yeu) qui ancre la flèche sableuse nord (jusqu'au goulet de Fromentine) et sud (jusqu'à la corniche vendéenne). Les courbes de niveau révèlent la présence de trois rangées de dunes parallèles au trait de côte : ces rangées signalent la croissance progressive du cordon dunaire.

La présence d'un large cordon dunaire portant une forêt de pins maritimes favorise le tourisme balnéaire :

– Le *document 7* présente le plan d'occupation du sol (P.O.S.) simplifié du pays de Monts. La forêt est protégée de toute urbanisation (zone ND), à l'exception d'un lotissement sur la dune au lieu dit « la Plage » à l'ouest de Notre-Dame-de-Mont et du passage de la D38 avec son péage en direction du pont de Noirmoutier. L'urbanisation est canalisée le long de la D38, au contact de la dune avec le marais (zones UA-UB) ainsi que le long de la D95 dans l'île de Noirmoutier. Elle a donc systématiquement une forme linéaire, depuis La Barre-de-Monts jusqu'à Saint-Jean-de-Monts, au sud de la carte. La logique du P.O.S. est de protéger la dune de toute urbanisation incontrôlée. On le constate au niveau du lotissement « la Plage » : ce dernier ne constitue pas une entorse à la logique du P.O.S., car il lui est antérieur. Ce lotissement préfigurerait, en l'absence du P.O.S., une tête de station balnéaire au contact rivage-dune qui ne pourrait que croître anarchiquement de façon linéaire le long du trait de côte et menacer l'équilibre dunaire.

Document 7. Plan d'occupation simplifié du pays de Monts

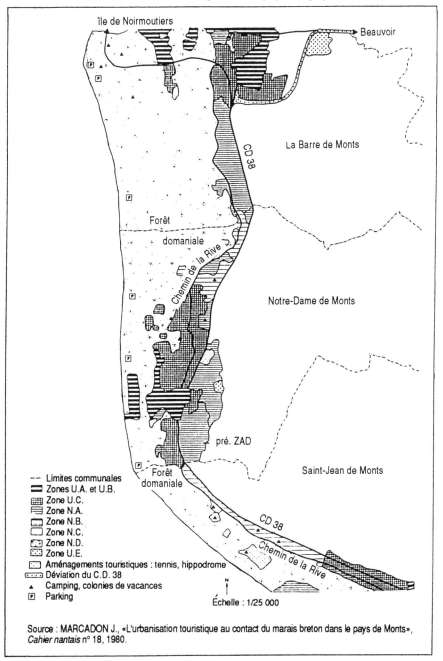

Source : MARCADON J., «L'urbanisation touristique au contact du marais breton dans le pays de Monts», *Cahier nantais* n° 18, 1980.

Document 8 : carte de Challans et Beauvoir-sur-Mer

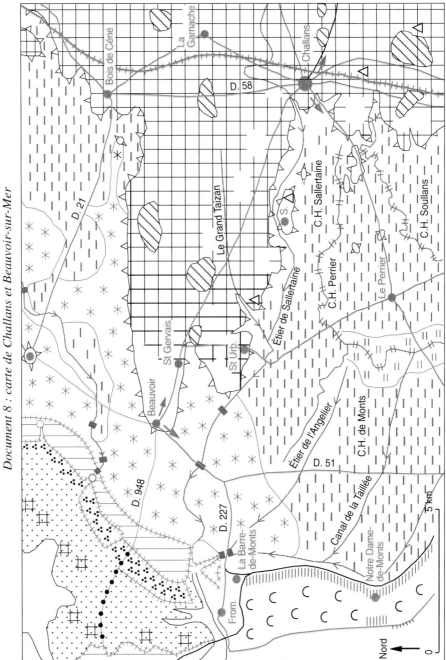

Légende du croquis page ci-contre

1 – Un plateau bocager en mutation limité par une falaise morte
1–1. Un plateau limité par une falaise morte

▷△◁ Falaise morte   ⌒⌒⌐ Rivières

1–2. Un plateau traditionnellement bocager

⊞ Bocage classique   /////// Bois prédominant

1–3. Un plateau en mutation

⊡ Lacune de bocage (arrachage des haies)

△ Secteurs à élevage avicole important
⟋ Mitage de l'espace rural par des pavillons
● Agglomérations importantes
— Routes principales
++++++ Voies ferrées

2 – Une plaine maritime humide où la gestion de l'eau détermine les paysages
2–1. Une plaine horizontale où la gestion de l'eau est la clé du paysage

⌣⌐ Étiers
✕✕✕ Chaussée limitant les compartiments hydrauliques (C.H.)
⫨ Principaux vannages

2–2. Les trois paysages de marais

‒ ‒ ‒ Marais plats, doux, à parcelles quadrangulaires ou quadrillées
= = = = Marais plats, doux, à parcelles étirées (terre douce)
✳ ✳ ✳ Marais salés (bassins) fonctionnels ou gâts
| | | | | | | Polders
+++++++ Digue de poldérisation
◁△▷ Îles du marais

3 – Opposition entre le rivage artificiel face au wadden de la baie de Bourgneuf et le littoral dunaire et touristique du pays de Monts
3–1. Le littoral poldérisé et le wadden de la baie de Bourgneuf

·.·.·.· Wadden de la baie de Bourgneuf
● ● ● ● ● Faîte sédimentaire du Gois (wantig)
++++++ Chaîne de colmatage
.·.·.·.· Tendance à un colmatage rapide
○ Petits ports au débouché des étiers en baie
⊞ ⊞ Concession conchylicoles (ostréiculture, mytiliculture)

3–2. Le littoral dunaire et touristique du pays de Monts

∩ ∩ ∩ Dunes boisées du pays de Monts et de Noirmoutier
≡ Urbanisation linéaire au contact dune-marais
⊤⊤⊤ Rivage consolidé par des épis

– Les autres aménagements sont plus légers : un nombre élevé de campings se répartissent là encore entre la dune boisée et le marais. Quelques colonies de vacances sont établies dans la forêt, ainsi qu'un hippodrome.

– La forêt est traversée par une multitude de chemins d'accès à la plage, avec quelques parkings à leur extrémité.

– La plage et son ados dunaire font l'objet de mesures de protection contre le tourisme (zone non constructible) et l'érosion marine : celle-ci se remarque par la présence d'un talus au contact dune-plage. Il signale la fragilité du massif dunaire en recul. Celle-ci se remarque aussi par la très faible largeur de la plage entre son ados dunaire et la laisse des plus hautes mers. Des épis ont été implantés au sud de « la Plage » pour ralentir le recul dunaire et restaurer des plages de plus en plus étroites à marée haute.

Conclusion

L'étude de ces cartes doit faire ressortir la partition du paysage en trois ensembles : plateau, plaine maritime, façade littorale. Elle doit souligner les variétés de paysage de ces trois ensembles et leurs mutations actuelles, sous l'impulsion d'une nouvelle donne économique et de l'essor du tourisme de masse :

— paysage de bocage subissant les effets du remembrement, de l'apparition de nouvelles formes d'élevage industriel, du mitage de l'espace rural par les résidences principales ou secondaires ;

— paysages de marais organisés par la nécessaire gestion de l'eau : paysage du marais doux, traditionnellement orienté vers l'élevage, en crise ; paysage du marais salé connaissant une crise de l'activité salicole (marais gâts) et une partielle reconversion vers l'aquaculture ; paysage des polders avec stagnation des conquêtes sur la mer en baie de Bourgneuf ;

— paysages de la façade littorale des marais opposant le rivage artificiel de la baie de Bourgneuf vivant de la pêche et de la conchyliculture au pays de Monts caractérisé par l'essor foudroyant du tourisme balnéaire, moteur économique de la région, un tourisme de masse plus ou moins contrôlé qui pose le problème de la préservation d'un milieu littoral fragile.

Cartes d'Argelès-sur-Mer

Documents à consulter

Carte à 1/25 000 Banyuls, 2549 OT, 1990.
Carte à 1/50 000 Argelès-sur-Mer, 1990 (documents principaux).
Carte au 1/100 000, Béziers-Perpignan, 1979.
Carte pédologique au 1/100 000 Argelès-Perpignan, 1970.

Documents présentés :

Document 1 : Croquis principal.
Document 2 : Diagrammes ombrothermiques, d'après les données du mémorial de la Météorologie nationale.
Document 3 : Texte extrait de BRAUDEL F., *La Méditerranée*, Flammarion, Paris, 1985, 223 p. (p. 33 et 34).
Document 4 : Extraits de l'inventaire communal pour la commune de l'Albère, I.N.S.E.E., 1988.
Document 5 : Texte extrait de VIGOUROUX M., *Le Roussillon entre deux mondes*, Larousse, coll. « Découvrir la France », 1974, p. 314.
Document 6 : Textes extraits du Guide vert Michelin *Pyrénées, Roussillon, Albigeois*, 1986, p. 51 et 63.

Document 1 : le contact des Albères et de la plaine du Roussillon

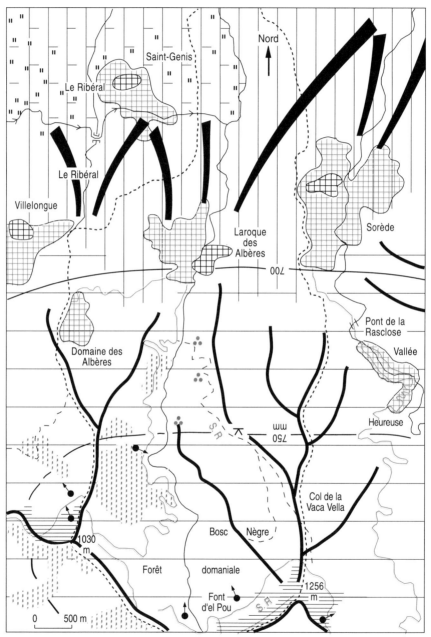

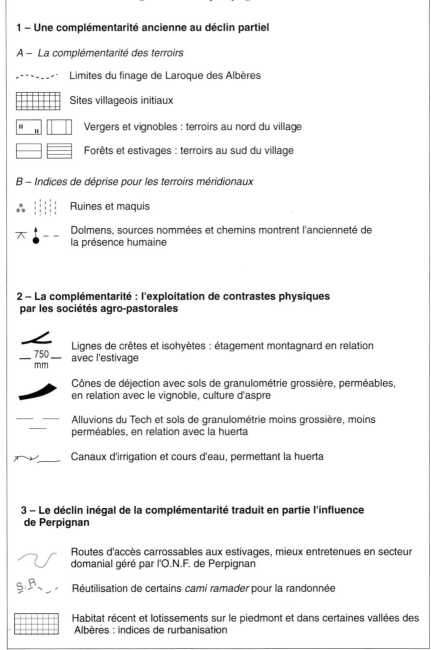

Légende du croquis page ci-contre

1 – Une complémentarité ancienne au déclin partiel

A – La complémentarité des terroirs

Limites du finage de Laroque des Albères

Sites villageois initiaux

Vergers et vignobles : terroirs au nord du village

Forêts et estivages : terroirs au sud du village

B – Indices de déprise pour les terroirs méridionaux

Ruines et maquis

Dolmens, sources nommées et chemins montrent l'ancienneté de la présence humaine

2 – La complémentarité : l'exploitation de contrastes physiques par les sociétés agro-pastorales

Lignes de crêtes et isohyètes : étagement montagnard en relation avec l'estivage
— 750 — mm

Cônes de déjection avec sols de granulométrie grossière, perméables, en relation avec le vignoble, culture d'aspre

Alluvions du Tech et sols de granulométrie moins grossière, moins perméables, en relation avec la huerta

Canaux d'irrigation et cours d'eau, permettant la huerta

3 – Le déclin inégal de la complémentarité traduit en partie l'influence de Perpignan

Routes d'accès carrossables aux estivages, mieux entretenues en secteur domanial géré par l'O.N.F. de Perpignan

Réutilisation de certains *cami ramader* pour la randonnée

Habitat récent et lotissements sur le piedmont et dans certaines vallées des Albères : indices de rurbanisation

La carte principale révèle immédiatement un contraste topographique et humain entre la plaine du Roussillon et le massif pyrénéen des Albères, contraste que répètent les littoraux méditerranéens au nord et au sud d'Argelès. Le carton de localisation permet de repérer la présence de Perpignan, au nord du document, et de la frontière franco-espagnole, au sud. La plaine du Roussillon a un centre attractif, qui n'est sûrement pas resté sans effet sur la répartition des hommes et des activités que symbolise cette carte, tandis que la frontière est restée associée à un milieu par définition marginal, ici montagnard. Il ne faudrait pas pour autant négliger le fait que les littoraux constituent aussi une frontière : en dépit de contrastes physiques et d'occupation humaine, ils représentent un ensemble distinct des précédents, qui justifie une étude spécifique. On définira comme littorales les communes ayant un accès direct au trait de côte, parce qu'elles présentent des particularités de mise en valeur humaine.

Le plan général du commentaire sera, à l'image de la carte, bâti sur les contrastes régionaux, d'où aussi le choix du croquis principal *(doc. 1)*. Il s'agira de comprendre à quoi tiennent les différences de mise en valeur humaine entre les Albères et la plaine du Roussillon, puis entre les deux littoraux de la carte.

1.   Les Albères et la plaine du Roussillon : les préférences humaines actuelles pour le piedmont et la plaine

1.1. Une montagne inégalement marginalisée

Plusieurs éléments se dégagent de l'analyse, une fois reconnu le milieu montagnard grâce à l'étagement de la végétation et des sols sur la carte pédologique, en relation avec l'altitude qui dépasse 1 200 m au pic Neulos (1720-650).

A — Un massif faiblement peuplé et touché par la déprise humaine

a) La faiblesse du peuplement tient aux 60 habitants de la commune de l'Albère (1719-647) comme à l'extension de ce qui est nommé forêt sur la carte topographique, indice d'une densité de population forcément limitée.

b) Les témoignages de déprise humaine, qui supposent *a contrario* une forte occupation antérieure, abondent : la commune de l'Albère voit sa population passer de 100 habitants au recensement de 1975 à 60 en 1982, chiffres qui figurent sur les cartes de 1979 et de 1990 ; les fusions de communes peuvent être invoquées par ce même exemple : Saint-Martin et Saint-Jean disposent chacun d'une chapelle et furent des centres paroissiaux. Il en fut probablement ainsi pour Lavall (1723-655) par rapport à Sorède. Dans ce cas, les bois communaux de Lavall, la correspondance entre l'ancien finage et une vallée, qui traduit la notion de compartimentage montagnard, renforcent l'hypothèse.

– Les ruines du castel d'Ultrera (1724-653) indiquent, par le site du château qui commandait l'accès à la vallée de Lavall, l'existence d'une population beaucoup plus dense lors de son édification.

– Les friches, qui correspondent au maquis, puisque les sols dérivent de roches mères non carbonatées d'après le carton géologique qui accompagne la carte pédologique, témoignent aussi de la déprise, tout comme la forêt domaniale des Albères (651-1720). Il s'agit d'une forêt de protection – aucun chemin d'exploitation n'y figure – qui correspond très probablement à la reprise par l'État de forêts, de maquis privés ou communaux, localement délaissés.

– Enfin, les dolmens (1720-645 et 1722-650) comme l'abondance de la toponymie catalane, des sentiers, prouvent la précocité et l'intensité d'une ancienne présence humaine sur cette partie de la carte, qui apparaît aujourd'hui délaissée.

B – Si la déprise humaine est multiforme, elle reste cependant inégale

a) L'évolution du bâti montre, en comparant les cartes de 1979 et de 1990, que le « domaine des Albères » (1723-648) et la « vallée Heureuse » (1723-652) ont été édifiés depuis la fin de la décennie 1970 *(doc. 1)*. Sur la commune de l'Albère, le mitage s'est développé. En revanche, le hameau de Lavall a moins évolué.

b) La soulane du pic Saint-Christophe (1721-646) porte un maquis tandis que l'ombrée reste exploitée, probablement en prairies.

Il faut essayer de comprendre à quoi tiennent l'évolution générale de l'occupation humaine montagnarde et ses différences locales.

Document 2. Diagrammes ombrothermiques de Mont-Louis et du cap Béar.

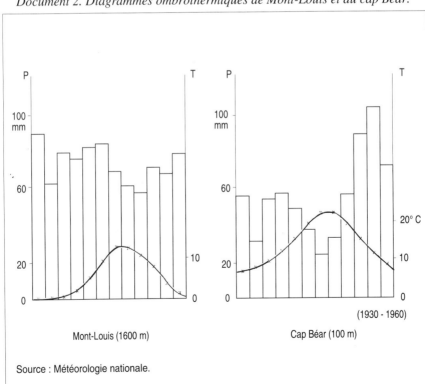

Source : Météorologie nationale.

1.2. L'accroissement et le renouvellement de la dépendance montagnarde vis-à-vis de l'avant-pays

A — L'utilisation de la montagne comme refuge n'est plus continue depuis plusieurs siècles. L'accès aux vallées encaissées emprunte des routes étroites, sinueuses, qui franchissent les torrents par des ponts contrôlables. Ils ont parfois marqué la toponymie – tel le pont de la Rasclose en 1724-651. La dissection du relief, qui accroît les difficultés d'accès, tient à la proximité de la mer et aux dénivelées, à l'absence locale de forêt, comme dans le bassin de réception du torrent de la Massane (656-1720), mais aussi au climat méditerranéen. Comme le montre le *document 2*, les précipitations tombent de préférence en automne, à l'issue d'une saison sèche qui a réduit le couvert herbacé, ce qui aggrave la torrentialité.

B — Les diagrammes ombrothermiques soulignent aussi l'intérêt de l'étagement montagnard pour le pastoralisme, tout comme les isohyètes du *document 1*. Les troupeaux trouvent sur les estivages l'herbe qui n'est plus disponible facilement sur le piedmont. La toponymie, qui insiste sur les « fonts » en France et les *« fuente »* en Espagne (658-1716) rappelle d'emblée l'importance des points d'eau pour les troupeaux. Grâce au col de la Vaca Vella (1721-650), on peut retrouver l'un des chemins qu'empruntaient les remues entre Laroque-des-Abères et le pic Neulos : fait remarquable, il passe à proximité d'un dolmen, d'une source, mais aussi de ruines de mas dans la partie basse de son tracé *(doc. 1)*. Voilà bien un de ces « Camis Ramaders » qu'évoque le *document 3*.

Document 3 : L'évolution de la transhumance

« Un spectacle qui disparaît aussi sous nos yeux, mais depuis peu, c'est celui de la transhumance, réalité multiséculaire, par quoi la montagne était associée à la plaine et aux villes d'en bas, y trouvant à la fois conflits et profits.

Le va-et-vient des troupeaux de moutons et de chèvres entre les pâturages d'été du haut pays et l'herbe qui s'attarde dans les plaines, pendant les mois d'hiver, faisait osciller des fleuves de moutons et de bergers entre les Alpes méridionales et la Crau, entre les Abruzzes et le plateau des Pouilles, entre la Castille du Nord et les pâturages méridionaux de l'Estrémadure et de la Manche de Don Quichotte.

Aujourd'hui, très réduit en volume, ce mouvement existe encore. Mais les transports par camion, par chemin de fer les supplantent souvent. [...] Mais la reconstitution en reste à portée de main : les routes de transhumance sont toujours marquées dans les paysages comme des lignes à vrai dire indélébiles, pour le moins difficiles à effacer, comme des cicatrices qui, une vie durant, marquent la peau des hommes. Larges d'une quinzaine de mètres, elles ont leur nom particulier dans chaque région : *canadas* de Castille, *camis ramaders* des Pyrénées-Orientales, *drailles* du Languedoc, *carraires* de Provence... »

Source : BRAUDEL F., *La Méditerranée, espace et histoire*, Flammarion, Paris, 1985, p. 33 et 34.

C — L'estivage n'a cependant pas disparu, et son maintien partiel est rappelé par le même texte. Sur le *document 1*, notons que la friche est associée aux estivages, qui ont surtout été abandonnés lorsqu'ils n'étaient pas desservis par des routes, fussent-elles irrégulièrement entretenues. En 651-1720, le réservoir récent complète le font de la Tagnarède, en bordure d'une de ces routes. L'ombrée du pic Saint-Christophe est traversée par une route, mais la soulane par un sentier muletier au milieu du maquis.

D — La dépendance vis-à-vis des communes du piedmont marque, enfin, l'évolution de l'habitat. La commune de l'Albère doit le maintien du mitage non pas au tourisme ni aux résidences secondaires mais très certainement à la proximité du col du Perthus et à la fréquentation de Perpignan. Le *document 4* précise que Perpignan est à 35 km et à 45 minutes de la commune, ce qui justifie le maintien de résidences principales pour des migrants pendulaires, alors que l'hébergement touristique demeure très limité. En revanche, le hameau de Lavall est davantage enclavé.

Document 4 : Desserte et fonctions récréatives pour la commune de l'Albère

« Les villes les plus fréquentées :
66024 Le Boulou à 14 km ;
temps en voiture : 0 h15 ; en train : 0 h ; en car : 0 h.
66136 Perpignan à 35 km ;
temps en voiture : 0 h 45 ; en train : 0 h ; en car : 0 h.
Capacité d'accueil de la commune :
7 résidences secondaires. Au total, la commune peut accueillir environ 40 personnes, soit 0,79 fois la population municipale. Il n'y a pas de syndicat d'initiative, il n'y a pas d'agence immobilière pratiquant la location saisonnière. »

Source : Extraits de l'*Inventaire communal* pour la commune de l'Albère,
I.N.S.E.E., 1988.

L'étude du massif souligne sa dépendance accrue vis-à-vis du piedmont, que matérialise le découpage communal, mais que renforce l'inégale rurbanisation actuelle.

1.3. La plaine du Roussillon : l'accroissement des densités de population

L'élément majeur qui se dégage ici tient aux densités de population forcément élevées, puisque sur 25% de la superficie de la carte apparaissent neuf villages de 1 000 à 2 000 habitants outre quatre villes de 2 000 habitants et plus, agglomérés. Les densités de population augmentent vers le nord de la feuille : les petites villes sont toutes sises au nord du fleuve Tech. De surcroît, la comparaison des cartes de 1979 et de 1990 révèle que certaines communes ont plus que doublé leur population : entre les recensements de 1975 et de 1982, Villeneuve-de-la-Raho passe de 600 à 2 000 habitants, et Saleilles de 1 100 à 2 900.

Les densités de population élevées s'expliquent par la multiplicité des activités rurales agricoles. On trouve ici deux types de paysages agraires.

A — Le premier type de paysage

Il est associé aux *vergers* et *plantations* ; il s'étend le long du Tech, mais aussi entre Elne et Saleilles. On remarque qu'il dépend de l'irrigation : il s'agit d'une huerta, nommée ici « ribéral » *(doc. 1 et 5)*. Plusieurs constats révèlent l'ancienneté du paysage de huerta :

a) Son extension a fortement dépendu de techniques encore très soumises aux conditions hydrologiques et pédologiques posées à la culture locale. Les structures agraires exigent une densité humaine importante et limitent la mécanisation, au moins encore en 1974 *(doc. 5)*.

Document 5 : Le paysage du Ribéral

« *Le ribéral* est un paysage propre aux fonds de vallée, en aval d'Ille-sur-Têt, de Brouilla sur le Tech. Il est discontinu sur l'Agly. On peut le confondre, en fait, avec le *regatiu*, terre irrigable par rapport à l'*aspre*, qui est en culture sèche. Ici, les parcelles sont très petites ; le jardinage est de règle sur des exploitations qui ont souvent deux *ayminates* (1,20 hectare), alors que la surface rentable serait plutôt de 2 ha. Un système d'arrosage très élaboré, de *resclose* (barrage) en *rec* (canal) et en *agullas* (rigoles), surveillé par des *banniers* (gardes) est sous la responsabilité de syndicats d'irrigants, qui ont défini les débits permettant en principe aux canaux d'aval de ne pas manquer d'eau.

Ces *regatius* ont normalement 100 habitants au kilomètre carré ; les villages sont assez groupés, ce qui n'est pas courant en zone maraîchère ; leur finage dégringole en escalier de la haute terrasse, plantée en vignes de qualité, aux vergers associés aux légumes, puis au maraîchage intensif des bords de la rivière. Le paysage est découpé par les multiples canaux et les haies d'arbres ou de roseaux abritant de la redoutable tramontane, glaciale en hiver et qui souffle ici un jour sur deux ».

Source : Extrait de Vigouroux M., *Le Roussillon entre deux mondes*, coll. « Découvrir la France », Larousse, 1974, p. 314.

b) L'irrigation est réalisée par gravité à partir du canal des Albères qui dérive l'eau du Tech : le canal recoupe les isohypses avec un angle faible.

c) La carte pédologique révèle que l'extension de la huerta coïncide très souvent avec celle des sols à granulométrie sablo-limoneuse, moins perméables que les « sols peu évolués des nappes d'épandage du piedmont des Albères » au sud, par exemple *(doc. 1)*.

d) Le toponyme de « jardins » trahit l'émiettement du parcellaire, indice de multiples partages successoraux, et d'une valeur foncière élevée.

e) Pourtant, l'existence de serres prouve que ce paysage évolue. Il faut y voir l'effet des marchés d'expédition d'Elne, plus encore de Perpignan, qui influent sur l'évolution des structures agraires.

B — Le deuxième type de paysage rural

Il est lié au *vignoble*, ici culture sèche dite d'aspres. Le toponyme apparaît au nord de la Tour Bas-Elne, sur un relief isolé (655-7134). La domination de cette culture est matérialisée par les coopératives vinicoles et son extension localement exclusive, qui signalent d'emblée une culture de marché. Pourtant, si la mécanisation encore limitée de cette culture contribue là encore à expliquer le maintien de la population – classiquement, la vigne est dite culture peuplante –, elle ne saurait justifier l'augmentation des densités de population. Celle-ci apparaît plus liée à la diversification des activités rurales non agricoles.

L'importance et l'augmentation des densités de population tiennent à la diversification des activités rurales non agricoles.

Parmi ces dernières, notons les entrepôts de Bages, les campings et tennis de Saint-André, de Sorède. Villeneuve-de-la-Raho utilise le plan d'eau et la réserve écologique pour développer les lotissements de Val-Marie et Als-Pastous où habitent des migrants pendulaires qui travaillent à Perpignan.

La plaine du Roussillon révèle, tout comme les Albères, une double dépendance : celle de l'eau montagnarde aussi indispensable aux estivages qu'à la huerta ; surtout celle de Perpignan dont la population se redistribue dans les communes suburbaines et les communes rurbanisées. Toutefois, Elne et Perpignan constituent seulement deux maillons des marchés urbains qui expliquent en partie le maintien et l'évolution des activités agricoles, donc la densité élevée de population. La plaine du Roussillon évolue surtout en fonction des échanges internationaux et nationaux, tandis que les Albères restent plus marquées par le cadre régional, la dépendance du piedmont et de Perpignan. Cette opposition se retrouve avec les littoraux.

2. Des préférences humaines initiales pour la côte rocheuse à la mise en valeur actuelle de la côte à lido

Le commentaire peut être bâti autour de deux paradoxes inverses, qui tiennent à la manière dont les sociétés locales ont successivement exploité les propositions physiques du littoral.

2.1. L'occupation précoce multiforme d'une côte rocheuse aujourd'hui marquée par le déclin démographique

Le paradoxe tient ici à l'ancienneté de l'occupation humaine (A) et à la variété des fonctions associées au littoral (B) alors que la population communale décline, ce que l'on doit chercher à expliquer (C).

A — La précocité de la présence humaine est révélée par :

a) Des sites portuaires étroits, défensifs, fortement conditionnés par les propositions physiques des baies, protégées par les falaises vives des caps. Nul doute qu'ils ont été exploités alors que les techniques du génie maritime demeuraient limitées, et que les navires devaient rechercher des abris naturels.

b) L'ancienneté de la présence militaire. Notons les tours de guet (Madeloc, 1721-661), le château de Collioure, le fort Miradoux (1725-661) dont le tracé évoque l'œuvre de Vauban, les casernements et les batteries, comme la batterie 500 (1721-661) : le toponyme traduit la précision des levés topographiques indispensables aux progrès de l'artillerie.

Document 6 : Deux ports méridionaux : Banyuls et Collioure

Banyuls-sur-Mer

« Les eaux littorales de la côte Vermeille, profondes, claires et poissonneuses, ont attiré l'attention des scientifiques pour leur richesse biologique, justifiant l'installation à Banyuls du laboratoire Arago (université de Paris-VI), centre de recherche et d'enseignement en océanographie, biologie marine et écologie terrestre. [...] Le vignoble règne sur les derniers flancs des Albères, couvrant les extrêmes promontoires des Pyrénées ou les versants raides du bassin de la Baillaury. Les pentes schisteuses, découpées en terrasses soutenues par des murettes, sont défendues contre le ruissellement dans les zones les plus exposées par un système de rigoles entrecroisées en X.

Les raisins sont vinifiés selon les méthodes ancestrales mises au point par les Templiers. Après un long vieillissement en cuve de chêne dans des celliers ou dans des parcs de vieillissement à l'air libre, on obtient un cru fameux : le *banyuls.* »

Collioure

Le site. « Collioure, bâtie dans un cadre naturel encore intact, occupe une situation privilégiée que le soleil et le bleu du ciel et de la mer rendent plus charmante encore. Son église fortifiée, avançant si près de la côte qu'on la croirait dans la Méditerranée, ses deux petits ports séparés par le vieux château royal, avec leurs barques aux couleurs vives et leurs filets étendus, fleurant bon l'anchois, ses vieilles rues aux balcons fleuris, aux escaliers pittoresques, sa promenade du bord de mer, ses terrasses de café et ses boutiques aux vitrines colorées donnent à la petite cité beaucoup de caractère. »

Au bord du « lac catalan ». « La Collioure médiévale est avant tout le port de commerce du Roussillon, d'où s'exportent les fameux draps parés de Perpignan. C'est l'époque où la marine catalane règne sur la Méditerranée, jusqu'au Levant. En 1463, l'invasion des troupes de Louis XI inaugure pour la ville une période troublée. Le château se développe sur l'éperon rocheux séparant le port en deux anses, autour du donjon carré élevé par les rois de Majorque. Charles-Quint et Philippe II le transforment en une citadelle renforcée par le fort Saint-Elme et le fort Miradoux. Après la paix des Pyrénées, Vauban met la dernière main aux défenses : la cité enclose est rasée à partir de 1670 et laisse place à un vaste glacis. La ville basse devient désormais l'agglomération principale. »

Source : Extrait du guide vert Michelin, *Pyrénées, Roussillon, Albigeois*, 1986, p. 51 et 63.

c) L'importance des défrichements pour les communes littorales, comparativement aux Albères. La carte de la végétation permet de préciser l'extension du maquis, réduisant les bois de chêne-liège à quelques lambeaux, la fréquence élevée des « plantes caractéristiques des échelons d'appauvrissement méditerranéen ».

Nul doute que la dégradation des formations climaciques par l'homme a été précoce et continue : il fallait du bois pour les navires, pour conserver le vin.

d) Le *document 6* mentionne les terrasses, fruits des efforts que durent fournir des générations pour éviter les problèmes de mise en culture sur des versants trop pentus, surtout pour la vigne, dont les plants couvrent peu les sols. Les oliviers (1719-664), éléments de la trilogie méditerranéenne, rappellent l'ancienneté de l'occupation humaine.

B — Non seulement la présence humaine a été précoce sur cette partie du littoral, mais en plus les activités actuelles y sont variées :

a) La pêche et les industries induites doivent être présentes à Port-Vendres, si l'on se réfère à la géométrie des quais et des bâtiments voisins. Le *document 6* évoque, pour Collioure, la pêche aux anchois.

b) La viticulture apparaît dans toutes les communes. En dépit de ruines de mas, que la carte au 1/25 000 recense, ou même de caves (1725-682), force est de constater que la culture de la vigne persiste dans des sites difficiles d'accès, par exemple en 1721-661. Le carton agricole de la carte de la végétation nous apprend qu'il s'agit d'un vignoble d'appellation d'origine contrôlée, qui doit, à ce titre, bénéficier d'un accès plus aisé aux marchés.

c) Plusieurs types de tourisme sont ici présents : tourisme de site, avec le circuit des Crêtes et ses tables d'orientation (1720-661) ; tourisme de cure, avec les centres héliomarins de Collioure et de Banyuls. Le tourisme balnéaire est plus limité, avec une seule plage surveillée à Collioure, mais chaque commune a son port de plaisance couplé à l'aire de sports nautiques, et toujours au moins un camping.

d) Enfin, il faut mentionner l'existence de la zone industrielle de Paulilles (1722-665), tandis que la réserve biologique marine et le laboratoire Arago laissent suspecter une activité de recherche, que confirme le *document 6*. Des casernes sont mentionnées au nord de Port-Vendres.

En dépit d'activités si diverses, la comparaison des cartes de 1979 et de 1990 révèle une baisse de population communale. À quoi ce paradoxe peut-il être lié ?

C — Un littoral à fonctions héritées, peu propice au tourisme balnéaire

a) En premier lieu, et logiquement, l'ancienneté de la présence humaine facilite les héritages de fonctions : c'est le cas pour l'activité portuaire, réduite, ce que prouvent l'aménagement très limité du chenal d'accès, l'association de la ville et du port, les routes étroites et sinueuses. Elles suffisent à assurer les échanges entre le port et son arrière-pays, forcément limités. La pêche reste artisanale, ses barques et filets suscitent l'intérêt des guides touristiques *(doc. 6)*.

b) Ensuite, relevons les effets de la frontière franco-espagnole. Elle a justifié l'importante présence militaire, aujourd'hui plus foncière que fonctionnelle. Le passage de la voie ferrée a joué un rôle limité par la différence d'écartement des rails entre les deux pays, qui a longtemps transformé Cerbère et Port-Bou en terminus des trains, tout en expliquant l'importance des voies de garage sur les cartes. Quant à la route nationale, son tracé très sinueux, inadapté au trafic des poids lourds, rappelle que les flux internationaux empruntent le col du Perthus.

c) Enfin, ce sont les activités touristiques les moins peuplantes qui ont été développées ici : fait symbolique, l'existence des tables d'orientation n'a pas permis de réutiliser les ruines de la cave de Vogastéra (1720-662) ou du casernement du centre. Cette situation apparaît inverse de celle qui prévaut pour le littoral nord.

2.2. *L'occupation tardive et monofonctionnelle d'une côte à lido*

On note ici une forte évolution actuelle de la présence humaine dans ces communes littorales alors que la côte à lido a été occupée tardivement. D'où la nécessité d'expliquer l'opposition qui existe avec les communes littorales du sud.

A — Une occupation humaine croissante et récente de la côte à lido
On peut la vérifier grâce à trois constats :

a) La comparaison des cartes de 1979 et de 1990 montre que les communes littorales du nord ont connu une forte croissance démographique, contrairement à celles du sud.

b) Cette même comparaison des documents met en valeur le développement très récent du bâti à partir du village ancien et du nouveau centre balnéaire. On repère sans mal les immeubles en front de mer des Boramars à Argelès, les lotissements comme celui qui est apparu à l'est du centre historique de Saint-Cyprien. Le vignoble, en revanche, régresse.

c) Le littoral est très modifié. En 1979, la salanque communiquait avec la Méditerranée par un grau, et offrait toutes les caractéristiques d'une côte à lido. Sur la carte de 1990, le grau a été obturé.

B — Cette évolution est rendue spectaculaire et paradoxale par le fait que la côte avait été évitée par la présence humaine

a) Les centres villageois sont toujours éloignés d'au moins 2 km du rivage. À Saint-Cyprien, l'église, totalement excentrée aujourd'hui, fait face à la coopérative vinicole, aussi marginalisée.

b) Les limites des finages de la tour Bas-Elne et d'Alenya révèlent un manque d'intérêt probable des communautés rurales originelles pour les salanques : elles ferment les communes avant de les atteindre.

c) On cherchera vainement sur cette côte les forts, les tours qui constellent les communes littorales sud, en raison de ce qui précède.

C — Cette inversion d'intérêt tient à l'évolution des techniques et des mentalités qui transforment la manière dont les sociétés humaines perçoivent ce type de côte. Les littoraux à lido, nommés aussi à paluds, ont perdu leur caractère malsain, répulsif avec la vogue du tourisme balnéaire, en relation avec les progrès dans les techniques d'assainissement et de démoustication. Sur la carte, campings et villages de vacances, station d'épuration, élargissement de la voirie et échangeurs indiquent d'emblée l'importance de la fréquentation estivale, la population municipale devenant plusieurs fois supérieure à celle des résidents permanents. Golf et arènes complètent les ports de plaisance et le futur parc d'attraction aquatique de

Saint-Cyprien. On notera la domination d'un tourisme balnéaire massif, qui passe dans la toponymie, et la fréquence très élevée des plages surveillées.

Conclusion

1. La carte fait ressortir des inversions d'intérêt humain spectaculaires entre la partie sud, où les héritages d'une présence précoce dominent, et la partie nord où la présence humaine actuelle se renforce au point de modifier très fortement un milieu physique littoral jusqu'alors peu touché.

2. La partie sud de la carte reste dominée par les conséquences d'un relief tourmenté, compartimenté, qui correspondait aux besoins humains en matière de défense, de complémentarité des terroirs. De même, les sites portuaires étaient appropriés à un développement technique limité : ils nécessitaient peu d'aménagements, ce qui permit à la « Collioure médiévale » un développement international aujourd'hui révolu *(doc. 6)*. Les Albères évoluent encore pour l'essentiel dans un cadre régional, dans la dépendance de Perpignan.

3. La partie nord du document, au contraire, est plus ouverte sur les échanges nationaux et internationaux actuels, qui commandent les cultures de marché et le développement du tourisme balnéaire, alors que le littoral était initialement peu propice au développement portuaire et que la culture exigeait la maîtrise de l'eau. Les effets de la proximité de Perpignan s'y ajoutent pour expliquer l'importance du croît démographique.

Carte de
Chamonix-Mont-Blanc

Documents à consulter :

Carte topographique I.G.N. au 1/25 000, 3630 OT, Chamonix-massif du Mont-Blanc, 1990 (document de base).

Documents présentés :

Document 1 : Statistiques extraites du : *Recensement général de la population, évolutions démographiques 1975-1982-1990*, I.N.S.E.E. Haute-Savoie, 1991, 34 p.

Document 2 : Statistiques extraites de la même source.

Document 3 : Croquis principal.

Document 4 : Coupe in LLIBOUTRY L., *Tectonophysique et Géodynamique*, Masson, 1982, 3 390 p. (p. 294).

Document 5 : Carte in BURRI M., *Connaître la nature en Valais : les roches*, Pillet, Martigny, 1987, 159 p. (p. 86).

Document 6 : Coupe in PIGEON P., *L'Homme face aux risques liés aux glissements de terrain dans le massif du Chablais et son piedmont (1860-1990)*, thèse, université de Grenoble, 1991, 350 p. (p. 60).

Document 7 : Carte géologique in BURRI M., *op. cit.*, p. 52.

Document 8 : Photographie du centre de Chamonix.

Document 9 : Texte extrait de LE ROY LADURIE E., *Histoire du climat depuis l'an mil*, Flammarion, Paris, 1967, 366 p. (p. 147).

Document 10 : Statistiques de l'I.N.S.E.E., *op. cit.*

Document 11 : Textes extraits de DE SAUSSURE H.B., *1774-1787. Premières Ascensions au mont Blanc*, Maspero, Paris, 1979, 218 p. Pages 111 et 112.

Le titre du document principal révèle d'emblée les centres d'intérêt qui vont guider le commentaire : la haute montagne domine l'ensemble de la carte, avec le massif du Mont-Blanc au sud, celui des Aiguilles-Rouges, qui marque le début du Faucigny et du massif du Chablais, au nord. Deux sillons majeurs, orientés sud-ouest/nord-est, limitent le massif du Mont-Blanc : au sud, les vals Ferret italo-suisses ; au nord, les vallées de l'Arve et de l'Eau noire, franco-helvétiques. En dépit des trois frontières, seul le sillon franco-helvétique abrite une commune urbaine par la population : Chamonix. Malgré une présence croissante, la faiblesse et l'inégalité du peuplement humain dominent. Sans nul doute, ces caractéristiques sont-elles indissociables du milieu physique, qui marque l'exploitation du passage et du tourisme.

1.   Une occupation humaine faible, inégale, mais en croissance

1.1. Faiblesse de la population permanente et de la présence humaine

La commune de Chamonix disperse ses 9 300 habitants en plusieurs anciens hameaux, parfois d'anciennes paroisses, comme Argentière. On distingue sans mal les sites anciens de l'habitat récent, très lâche, sans ordre apparent, qui n'exclut pas les immeubles (5087-334). Ce serait, si la commune n'était pas statistiquement urbaine, un bel exemple de mitage.

Sauf pour les 80 habitants de Trient (960-2128), les reports des documents helvétiques n'indiquent pas les chiffres de population, mais, au regard de la carte, Finhaut ou Champex ne devraient pas dépasser Vallorcine. La domination des massifs du Mont-Blanc et des Aiguilles -Rouges relativise encore l'espace occupé par la population permanente.

1.2. La présence humaine reste inégale

On opposera sans mal Vallorcine à Chamonix. Les statistiques de l'I.N.S.E.E. permettent de préciser l'inégale situation démographique des deux communes françaises limitrophes, en dépit d'une superficie très différente qui réduit la valeur de la comparaison. Si le taux de mortalité baisse à Chamonix entre 1975-1982 et 1982-1990, celui de Vallorcine passe de 8,3 à 12,7 pour mille. Il en résulte un écart de 5,7 pour mille entre ces deux communes. Pour les mêmes périodes, le taux de variation annuelle est nul à Vallorcine, tandis que celui de Chamonix s'établit à 11,1 pour mille *(doc. 1).*

Par rapport à la moyenne des communes départementales (6,6 pour mille), dont on ne doit pas oublier qu'elles ne sont pas toutes montagnardes, ce qui enlève à l'intérêt de la comparaison, Chamonix et Vallorcine se trouvent dans une situation inverse. Le peuplement très limité des vals Ferret forme un contraste encore plus marqué avec celui du sillon Arve-Eau noire. Ces très fortes oppositions de peuplement doivent être interprétées.

Document 1 : Données démographiques communales

R.G.P. 1990	Taux de natalité 75/82	Taux de natalité 82/90	Taux de mortalité 75/82	Taux de mortalité 82/90
Chamonix	16 ‰	18,1 ‰	7,7 ‰	7 ‰
Vallorcine	11,2 ‰	12,7 ‰	8,3 ‰	12,7 ‰
Haute-Savoie	14,8 ‰	14,4 ‰	8,4 ‰	7,8 ‰

Source : *Recensement général de la population, évolution démographique* 1975, 1982, 1990, I.N.S.E.E. Haute-Savoie, 1991.

1.3. La présence humaine croît

A — Les traces de déprise pastorale restent limitées à quelques ruines (5092-336, chalet de la Glière, en France ; 5090-970 dans le val Ferret helvétique). Sur la partie italienne de la carte, l'étagement des chalets d'alpage paraît bien maintenu, comme l'attestent les deux couples Gioé et Malatra dans le Vallone di Malatra (346-5079).

B — Les statistiques des résidences principales pour les communes françaises *(doc. 2)* font état d'une augmentation de 27,2 % à Chamonix et de 28,4 % à Vallorcine, entre 1982 et 1990. La croissance départementale moyenne s'établit à 21,5 %. Là encore, la différence de taille gêne la comparaison : en valeur absolue, la croissance de logements reste plus élevée à Chamonix, et la moyenne communale pour la Haute-Savoie recouvre des situations trop disparates pour être suffisamment significative.

Document 2 : Données économiques et sociales communales

R.G.P. 1990	Résidences principales 1982	Résidences principales 1990
Chamonix	3 228	4 105
Vallorcine	109	140
Haute-Savoie	174 934	212 504

Source : *Recensement général de la population, évolution démographique* 1975, 1982, 1990, I.N.S.E.E. Haute-Savoie, 1991.

Pour interpréter ces différences dans la répartition et dans l'évolution du peuplement, il est indispensable de souligner combien l'exploitation du passage et du tourisme domine les activités locales, en composant avec les données du cadre physique *(doc. 3).*

2.   L'exploitation du passage

Elle permet de comprendre la faiblesse et l'inégalité de la présence humaine. Les propositions du cadre physique, sous forme de deux sillons qui résultent de l'évolution géomorphologique, ne suffisent pas à expliquer l'inégale exploitation du passage par l'homme qui, d'ailleurs, s'affranchit en partie des contraintes physiques.

2.1. Deux sillons issus d'une évolution géomorphologique voisine

Leur encaissement – plus de 2 000 m de dénivelée par rapport aux sommets du massif du Mont-Blanc – résulte d'une morphogenèse récente liée à la tectonique ainsi qu'aux glaciations quaternaires.

Le *document 4* prouve que le socle des Aiguilles-Rouges et du Mont-Blanc a soulevé les nappes de charriage helvétiques, lesquelles sont venues recouvrir la molasse miocène de l'avant-pays savoyard. La mise en place des massifs externes ne peut être que postérieure à ces nappes de charriage, lesquelles sont forcément fini-miocène ou post-miocène. Sans nul doute la phase fini-tertiaire de l'orogenèse se poursuit-elle aujourd'hui, ce qui est confirmé par le *document 5*. Il synthétise le résultat des nivellements successifs, bien que la précision des mesures millimétriques doive toujours être considérée avec prudence, compte tenu des échelles en question. Les sillons correspondent pour l'essentiel à des terrains sédimentaires qui ont été peut-être moins soulevés, mais sûrement évidés par l'érosion différentielle. Dans la partie amont de son bassin-versant, les schistes du *document 6* sont incisés par l'Arve, qui facilite les glissements de terrain. De surcroît, ces sillons ont été empruntés par les glaciers quaternaires, qui les ont modelés : remarquons les moraines würmiennes du *document 6*. La haute vallée de l'Arve alterne ombilics remblayés, à fond plat, qui favorisent l'habitat, et les verrous glaciaires, comme celui de la Poya (2116-953), franchi par une route sinueuse, encore étroite.

2.2. En dépit de caractéristiques voisines, ces sillons ne sont pas exploités également pour le franchissement montagnard

Il est pourtant sollicité par les trois frontières. Au sud-est, les vals Ferret communiquent par le petit col Ferret, qui voit simplement passer un chemin de randonnée. Les vallées de l'Arve et de l'Eau noire sont empruntées par une route principale et par une voie ferrée à crémaillère.

Pour expliquer cette différence, on pourrait certes invoquer les altitudes : le petit col Ferret est à 2 490 m, ceux de La Forclaz et des Montets respectivement à 1 526 et 1 461 m. C'est qu'au nord-ouest le sillon se dédouble : l'un a conservé les terrains de la couverture sédimentaire, l'autre a repris en partie l'axe d'un synclinal carbonifère *(doc. 7)*. Les hommes, au prix de deux cols dont le franchissement reste délicat en hiver, mais qui évite celui du col de Balme, à 2 191 m (2124-958), en ont joué. Le compartimentage montagnard demeure et est susceptible d'expliquer en partie les différences si marquées entre Vallorcine et Chamonix.

Il ne faudrait pas pour autant exagérer ces influences physiques : les intérêts humains priment, une fois de plus. Le carton de localisation permet de rappeler que, pour aller du Valais à Turin, la route la plus directe passe par le Grand-Saint-Bernard et ses 2 469 m, non par les 2 490 m du petit col Ferret. Entre Martigny et Grenoble, le trajet le plus direct emprunte La Forclaz et les Montets. L'avantage du sillon Arve-Eau noire est renforcé par le tunnel du Mont-Blanc : il correspond au prolon-

*Document 3. Les Praz de Chamonix : forte croissance de l'habitat
et inégalité de répartition liées à l'exploitation touristique du cadre physique.*

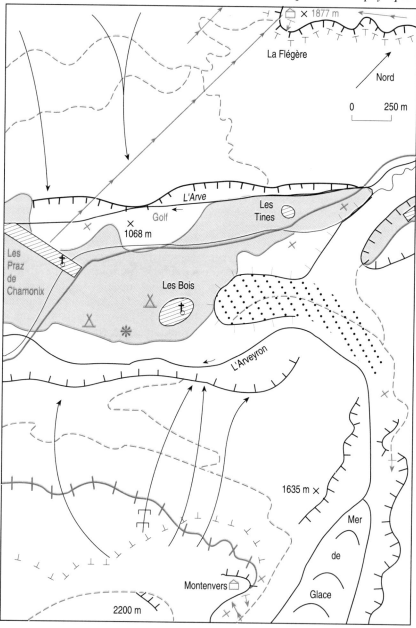

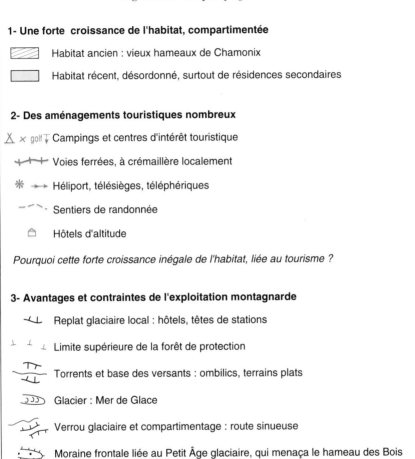

Légende du croquis page ci-contre

1- Une forte croissance de l'habitat, compartimentée

Habitat ancien : vieux hameaux de Chamonix

Habitat récent, désordonné, surtout de résidences secondaires

2- Des aménagements touristiques nombreux

Campings et centres d'intérêt touristique

Voies ferrées, à crémaillère localement

Héliport, télésièges, téléphériques

Sentiers de randonnée

Hôtels d'altitude

Pourquoi cette forte croissance inégale de l'habitat, liée au tourisme ?

3- Avantages et contraintes de l'exploitation montagnarde

Replat glaciaire local : hôtels, têtes de stations

Limite supérieure de la forêt de protection

Torrents et base des versants : ombilics, terrains plats

Glacier : Mer de Glace

Verrou glaciaire et compartimentage : route sinueuse

Moraine frontale liée au Petit Âge glaciaire, qui menaça le hameau des Bois

Couloirs d'avalanche et paravalanche

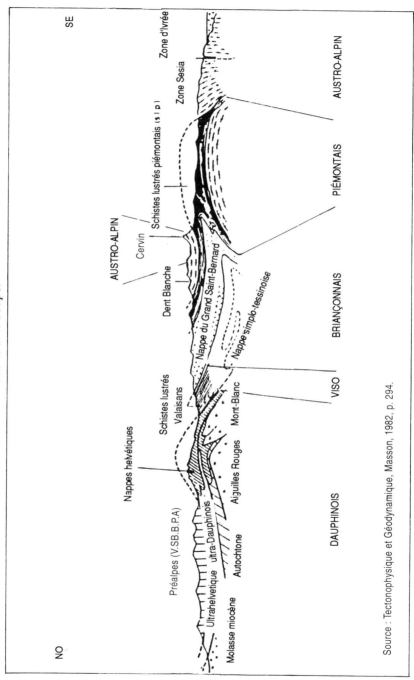

Document 4. Coupe.

Source : Tectonophysique et Géodynamique, Masson, 1982, p. 294.

gement d'un axe transalpin majeur, dont la valeur est renforcée par les politiques des États européens, qui divergent sur le transit des poids lourds.

Au total, la faiblesse et l'inégalité de la présence humaine tiennent bien au cadre physique, qui a longtemps contraint tous les échanges en imposant le franchissement montagnard par des cols. Grâce au tunnel du Mont-Blanc et à l'évolution des techniques de transport qu'il suppose, l'Europe atténue les contraintes physiques pour les échanges internationaux qui empruntent un axe transalpin majeur. Ces facilités d'accès relatives favorisent à leur tour le développement touristique.

3.   L'exploitation touristique du cadre physique

Elle peut rendre compte d'une présence humaine croissante, bien qu'inégale. Le *document 8*, photographie prise dans le centre de Chamonix, synthétise les aspects de cette forme d'utilisation montagnarde. Pas de développement touristique sans les deux hommes, dont l'un, De Saussure, est étranger, qui ont fait connaître la station par leur exploit, sans facilité physique d'accès par la vallée, renforcée aujourd'hui par la desserte internationale, mais aussi sans la présence physique du Mont-Blanc, visible du cœur de la cité. La statue symbolise une cité indéfectiblement liée à l'image de la haute montagne, du moins depuis les trois derniers siècles.

Document 5. Carte des surrections actuelles.

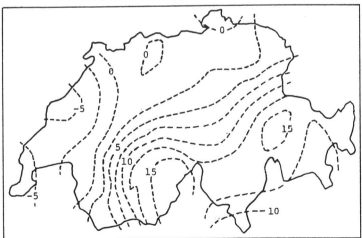

Source : BURRI M., *Connaître la nature en Valais* : les roches, Pillet, Martigny, 1987.

Document 6. Coupe interprétative du glissement des Posettes.

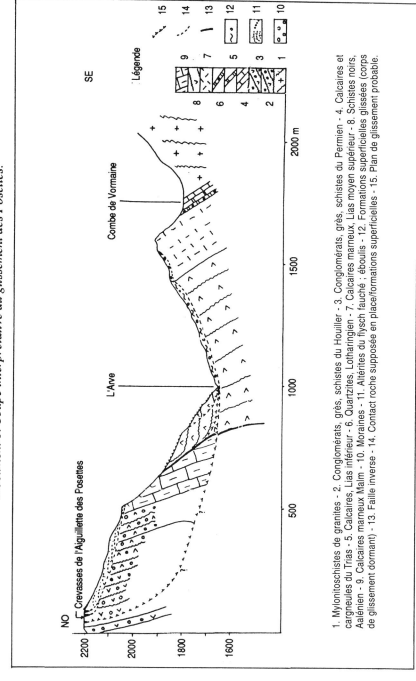

1. Mylonitoschistes de granites - 2. Conglomérats, grès, schistes du Houiller - 3. Conglomérats, grès, schistes du Permien - 4. Calcaires et cargneules du Trias - 5. Calcaires, Lias inférieur - 6. Quartzites, Lotharingien - 7. Calcaires marneux, Lias moyen supérieur - 8. Schistes noirs, Aalénien - 9. Calcaires marneux Malm - 10. Moraines - 11. Altérites du flysch fauché ; éboulis - 12. Formations superficielles glissées (corps de glissement dormant) - 13. Faille inverse - 14. Contact roche supposée en place/formations superficielles - 15. Plan de glissement probable.

Document 7. Carte géologique à l'est du Massif du Mont-Blanc.

Source : BURRI M., *Connaître la nature en Valais : les roches*, Pillet, Martigny, 1987, p. 86

Document 8 : Photographie prise dans le centre de Chamonix

3.1. La haute montagne est partout utilisée par le tourisme

Pics et glaciers la caractérisent, le relief étant modelé par l'érosion périglaciaire ou glaciaire qui livre des formes aujourd'hui en grande partie fonctionnelles.

A — La vigueur des sommets d'interfluve tient autant à la lithologie – les granites dominent – qu'à la morphogenèse : il s'agit de horns qui proviennent du recoupement de cirques glaciaires, telle la dent du Géant (341-5081). La subverticalité de certaines parois célèbres comme les Drus ou les Grandes Jorasses continue d'attirer l'élite internationale de l'alpinisme, qui a déjà légué des noms illustres : mentionnons les pointes Whymper et Walker dans les Grandes Jorasses. Cabanes, refuges et abris parsèment les massifs (abri de Pictet : 5 099-949).

B — Les glaciers, surtout, renforcent la fréquentation touristique. Non pas tant les glaciers de cirque, de plateau, que les langues glaciaires qui, avec leurs séracs et leurs moraines frontales héritées du Petit Âge Glaciaire, pénètrent l'étage forestier, viennent aux portes de l'habitat quand bien même elles ne le détruisirent pas dans le passé.

Document 9 : Crues glaciaires à Chamonix au XVIIe siècle

« Quant au glacier des Bois déjà cité, il descend si bas vers les Praz et aussi par-dessus la côte du Piget (*) qu'on se demande s'il ne va pas obstruer le cours de l'Arve ! Le coadjuteur de Genève, Charles de Sales, neveu de saint François, est mis en alerte ; le 29 mai 1644, il reçoit la visite des syndics de Chamonix, qui lui remontrent *leur paroesse estre située en une vallée montueuse, haute et estroite, au pied de grands glaciers lesquels se destachant, descendent sur ledict lieu avec de si grands abîmes pour ravages qu'ils sont menacés de l'entière ruyne de leurs maisons et possessions, se doutant que cela leur arrive par divine permission pour punition de leurs péchés.* L'évêque promet son aide et, au début de juin 1644, il conduit une procession d'environ trois cents personnes *au lieudit Les Bois sur le village duquel est imminent et menassant de ruyne totale un grand et spovantable glacier poussé du hault de la montagne* qu'il bénit *solennellement, a forme du rituel.* Puis il va bénir *un long glacier tout proche du village dit Largentière,* encore *ung aultre horrible glacier, sur le village dit Le Tour,* et enfin, deux jours plus tard, *ung quatrième glacier au lieu les Bossons.* »

« (*) En 1642 ou 1643, il est du reste fait mention, pour la dernière fois, du Chastellard, contre lequel s'est avancé le glacier, ainsi que contre les Bois et les Praz ». A.C. Cham., CC 43 (ans 1642-1643).

Source : Extrait de Le Roy Ladurie E., *Histoire du climat depuis l'an mil,*
Flammarion, 1967, 378 p. (p. 147).

Le *document 9* l'indique, même s'il faut toujours considérer les doléances des habitants, toujours à l'affût d'exemptions fiscales, avec prudence. La carte illustre combien l'homme utilise de plus en plus ces éléments du relief. Le classique accès à la mer de Glace et à sa célèbre grotte est relayé par les parcours pour skieurs de la haute route Chamonix-Zermatt, notée en 2116-958, le ski d'été (957-2104), ou même les aires de départ des deltaplanes (5083-337). On mentionnera aussi l'abondance des sentiers de randonnée, dont le célèbre « tour du Mont-Blanc » qui ménage de nombreux points de vue sur les glaciers.

3.2. Il en résulte bien une croissance générale et inégale de la présence humaine (doc. 3)

A — Les statistiques de l'I.N.S.E.E. permettent de déterminer qu'en 1990 les résidences secondaires représentaient 61 % du nombre total de logements à Chamonix, et 64 % à Vallorcine *(doc. 10),* ce qui confirme la liaison entre la croissance des constructions et l'activité touristique. En Suisse, bien que reculée, la station de La Fouly a aménagé des terrains constructibles qui sont en voie d'occupation (2215-970), à proximité des pistes de ski et du sentier du tour du Mont-Blanc.

Document 10 : Données économiques et sociales communales

R.G.P. 1990	Résidences secondaires 1990	Nombre de logements 1990
Chamonix	6 839	11 222
Vallorcine	281	438
Haute-Savoie	88 504	316 477

Source : *Recensement général de la population, évolution démographique* 1975, 1982, 1990,
I.N.S.E.E. Haute-Savoie, 1991.

B — L'inégalité du développement permet de comprendre l'originalité de Chamonix, qui a, dès le XVIIIe siècle selon le *document 11*, bénéficié d'une image de station internationale, d'un accès amélioré et d'un cadre physique plus favorable que celui du versant italien puisque les bassins d'alimentation des glaciers sont plus étendus. Contrairement aux villages de la carte, c'est le seul endroit où la fréquentation justifie un casino, un golf, un centre sportif, la maison de la montagne, un héliport. La commune monopolise les téléphériques et les télécabines, les trains touristiques à crémaillère avec le Montenvers. Les villages se contentent des attributs touristiques plus banals : campings, gîtes d'étape, rochers d'escalade, ou tennis, outre quelques remontées mécaniques.

Conclusion

La carte fait ressortir combien le milieu montagnard présenté ici est exploité en fonction des avant-pays :
1. L'évolution géomorphologique offrait deux possibilités de franchissement montagnard, essentielles pour ces régions frontalières, empruntant deux sillons : seule l'une d'entre elles fut exploitée et l'axe majeur fait fi des cols en traversant le massif du Mont-Blanc par un tunnel. Cet exemple montre combien les intérêts humains liés aux villes des avant-pays ont imposé un flux transalpin précisément là où la nature s'y prêtait le moins, même si la vallée de l'Arve continue, à l'aval, de jouer son rôle de pénétrante alpine pour cet axe européen.

2. Le tourisme exploite l'image de la montagne qui a été créée par les premiers voyageurs *(doc. 11)*, et qui eut pour effet d'inverser la perception traditionnelle des glaciers, reproduite par le *document 9*. Par définition, les touristes, majoritairement des urbains comme le Genevois De Saussure, ne font que passer, même s'ils poussent à modifier la répartition et l'aspect de l'habitat. C'est encore plus vrai si l'on considère la fréquentation internationale de ces massifs.

3. L'énergie hydroélectrique, qui justifie les barrages d'Emosson, les conduites forcées, les lignes haute tension de l'E.D.F., la centrale du Châtelard (341-5102), n'est pas utilisée sur place. Elle aussi est destinée aux besoins des villes industrielles qui se trouvent à l'aval, et sur le piedmont.

Document 11 : Description de la vallée de Chamonix au XVIIIe siècle

---

P. 52-53. « En sortant de ce défilé étroit et sauvage, on tourne à gauche et l'on entre dans la vallée de Chamouni, dont l'aspect est au contraire infiniment doux et riant. Le fond de la vallée, en forme de berceau, est couvert de prairies, au milieu desquelles passe le chemin bordé de petites palissades. On découvre successivement les différents glaciers qui descendent dans cette vallée [...]. Mais bientôt les yeux se fixent sur celui des Bossons, qu'on voit descendre du haut des sommités voisines du Mont-Blanc : ses glaces, d'une blancheur éblouissante, dressées en forme de hautes pyramides, font un effet étonnant au milieu des forêts de sapins qu'elles traversent et qu'elles surpassent [...]. Ces glaciers majestueux, séparés par de grandes forêts, couronnés par des rocs de granit d'une hauteur étonnante, qui sont taillés en forme de grands obélisques, et entremêlés de neiges et de glaces, présentent un des plus grands et des plus singuliers spectacles qu'il soit possible d'imaginer. »

P. 111 et 112. « Ce fut en 1741 que le célèbre voyageur Pocock, et un autre gentilhomme anglais, nommé Windham, entreprirent cet intéressant voyage. Les vieillards de Chamouni s'en ressouviennent, et ils rient encore des craintes de ces voyageurs et de leurs précautions inutiles. On trouve dans les *Mercures* de Suisse, pour les mois de mai et de juin 1743, une relation abrégée de ce voyage. Cette relation est de feu M. Baulacre, savant bibliothécaire de notre ville ; il la rédigea d'après le rapport de quelques personnes qui allèrent aussi l'année suivante à Chamouni. Pendant les vingt ou vingt-cinq premières années qui ont suivi cette époque, ce voyage n'a été entrepris que bien rarement, et le plus souvent par des Anglais qui logeaient chez le curé. Car lorsque j'y fus en 1760, même quatre ou cinq ans plus tard, il n'y avait point encore d'autre auberge logeable, mais seulement un ou deux misérables cabarets, semblables à ceux que l'on trouve dans les villages les moins fréquentés. Depuis lors, ce voyage est venu par gradation si fort à la mode que les trois grandes et bonnes auberges qui y ont été successivement établies suffisent à peine à contenir les étrangers qui y viennent en été de tous les pays du monde. Aussi ce grand abord d'étrangers et la quantité d'argent qu'ils laissent à Chamouni ont-ils un peu altéré l'antique simplicité et même la pureté des mœurs des habitants de cette vallée. »

Source : Extrait de DE SAUSSURE H. B., *1774-1787, Premières Ascensions au Mont-Blanc*, La Découverte, Maspero, 1979, p. 111 et 112

Chapitre 7

Cartes de Béthune
et Lens

Documents à consulter :

Cartes à 1/25 000 de Béthune et de Lens, éd. 1991.
Carte à 1/50 000 de Béthune, éd. de 1956.
Carte à 1/50 000 de Béthune, éd. de 1985.

Documents présentés :

Document 1 : Statistiques sur la production du charbon, images économiques du monde, 1991, C.D.U.-S.E.D.E.S.

Document 2 : Carte schématique du bassin houiller du Nord de la France, DEBELMAS J.,*Géologie de la France*, t. I, *Vieux Massifs et Grands Bassins sédimentaires*, service géologique National, p. 54.

Document 3 : Extrait du « Répertoire des puits et des forages, notice de la carte géologique de la France à 1/80 000 de Douai », 3e éd., B.R.G.M., p. 10, 11, 14, 15.

Document 4 : Cartes de la métallurgie en 1845 et en 1952, GENDARME R., *La Région du Nord, essai d'analyse économique,* Centre d'étude économique, A. Colin, p. 60 et 61.

Document 5 : Cartes de la croissance urbaine 1846-1911 et 1962-1975, BRUYELLE P., *L'Organisation urbaine de la région du Nord-Pas-de-Calais*, thèse de doctorat d'État, atlas annexe, Atelier de reproduction des thèses, Université de Lille III, cartes 13 et 57.

Document 6 : Statistiques sur l'évolution de l'emploi industriel dans le Nord-Pas-de-Calais, BATTIAU M., *Le Nord-Pas-de-Calais : un espace industriel en voie de recomposition*, Hommes et terres du Nord, Revue de l'Institut de géographie de Lille, 1989, 1-2, p. 32.

Document 7 : « Le pays noir, une nouvelle chance », texte tiré de la *Géographie universelle* sous la direction de BRUNET R., France-Europe du Sud, Hachette-Reclus, p. 173-174.

Document 8 : Croquis principal.

Les cartes à 1/25 000 de Béthune et de Lens reprennent la carte de Béthune à 1/50 000. Elles présentent la partie occidentale du pays noir, dans le Nord-Pas-de-Calais. Le pays noir constitue le centre d'intérêt majeur de la carte. Son analyse ne peut être dissociée de sa partie orientale qui a suivi une évolution différente, aboutissant à un paysage différent à bien des égards. Le pays noir, c'est d'abord une topographie plane liée à un dispositif sédimentaire recelant les couches de charbon. C'est aussi un paysage rural d'openfield. Le pays noir, c'est ensuite un paysage d'extraction minière avec l'activité industrielle associée. Ce paysage est en mutation en raison de la crise de l'extraction charbonnière *(doc. 1)* qui entraîne des reconversions. Le pays noir, c'est enfin un paysage urbain typique fait de corons, de cités-dortoirs additionnées les unes aux autres. Ce paysage est également en mutation en raison de la crise. Le traitement de cette carte doit être centré sur le paysage du pays noir et faire ressortir la mutation du paysage vers un paysage ajusté à d'autres logiques économiques. On consultera avec profit différentes éditions de cartes à 1/50 000, par exemple l'édition de 1956 et celle de 1985 pour souligner la fossilisation progressive du pays noir, les résistances à la fossilisation inéluctable et les reconversions. Le plan du commentaire peut donc s'articuler autour de trois points : 1) le cadre du pays noir doit faire apparaître l'originalité topographique du pays noir, le bassin houiller, l'espace rural ; 2) un paysage en partie figé où apparaissent les vestiges de l'extraction charbonnière, de l'industrie et des voies de communication associées, ainsi que les paysages urbains créés par l'activité extractive ; 3) un paysage en mutation avec de nouvelles logiques d'aménagement : reconversions industrielles, nouvelles voies de communication, essor urbain associé à de nouvelles activités.

1.   Le cadre du pays noir

1.1. Un pays plat

Trois ensembles topographiques partitionnent la carte :

– Au sud : une topographie plus accidentée de part et d'autre d'un escarpement d'orientation nord-ouest/sud-est. On le suit depuis Bruay-en-Artois jusqu'à l'ouest d'Angres, village de la banlieue ouest de Liévin. Cet escarpement d'une hauteur d'environ 80 m regarde vers le nord. À l'arrière de l'escarpement s'étendent les collines de l'Artois. La vallée de la Brette s'y incise parallèlement à l'escarpement avec des versants dissymétriques. À Bruay-en-Artois, elle dessine un angle droit et s'oriente vers le nord.

– Au pied de l'escarpement et jusqu'à la plaine de la Lys : un plateau en pente douce vers le nord porte la partie occidentale du bassin houiller. Les cours d'eau s'y incisent et le dissèquent en lanières à l'approche de son niveau de base.

– Au nord, la plaine humide de la Lys préfigure la plaine de Flandre et l'Europe du Nord. Le contraste entre la plaine humide et la retombée des collines de l'Artois est très net. Ce contact est une ancienne falaise morte, disposition classique que l'on retrouve sur les cartes de Dunkerque et Challans.

Document 1 : Production et importation de charbon

PRODUCTION (en 1000 t)								
	1983	1984	1985	1986	1987	1988	1989	1990
Nord-Pas-de-Calais	3201	2500	2386	1722	1354	1137	489	230
Lorraine	10579	10883	9815	9897	9901	8959	8815	8359
Centre-Midii	4742	4797	2937	4476	4136	3110	3878	3656

IMPORTATION (en millions de tonnes)					
1975 :	20,4	1984 :	23,8	1989 :	17,5
1980 :	32,2	1986 :	18,6	1990 :	20,7
1982 :	24,8	1988 :	13,8		

En 1990 (en 1000 tonnes)			
Afrique du Sud	864	Royaume-Uni	309
États-Unis	6591	Australie	3549
Allemagne fédérale	2183	URSS	845
Pologne	324		

Source : « Statistiques sur la production du charbon, Images économiques du monde »,
1991, C.D.U.-S.E.D.E.S.

1.2. Un pays de champs ouverts

La retombée des collines de l'Artois supporte un paysage classique de champs ouverts, avec des bourgs qui se logent préférentiellement sur les versants des vallées (Houdain, Olhain, le long de la vallée de la Brette...) ou au pied de l'escarpement (Ruitz, Barlin...). Des parcelles boisées groupées s'étendent sur les reliefs (bois d'Olhain, de Mont). La présence de quelques distilleries renseigne sur une culture type (betterave à sucre).

Le pays noir se greffe sur ce paysage rural, sans entretenir de relation avec lui : notez l'installation de cités ou corons au milieu de parcellaires agricoles (Nœux-les-Mines, par exemple), ou encore la présence de ces énormes terrils au milieu des champs. Il y a là, mêlés, deux paysages étrangers l'un à l'autre. C'est une des caractéristiques du paysage rural du pays noir.

Plus au nord, en dehors du pays noir, on retrouve le paysage classique de la plaine maritime avec les problèmes de drainage par les canaux, les villages-rues typiques de la conquête de la Flandre maritime (Locon, par exemple, village qui s'étire sur 2 km, le lond de la D945, présente cette physionomie typique des *marschufendorfs*).

1.3. Un bassin houiller différenciant l'ouest et l'est

L'originalité de la carte est la présence d'un bassin houiller qui donne son identité à la région. Le bassin houiller n'est pas homogène : le paysage dépend des conditions d'extraction.

Document 2. Carte schématique du bassin houiller du nord de la France.

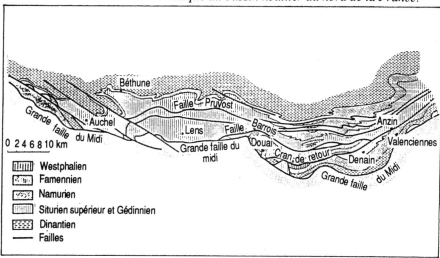

Source : Debel Mas J., *Géologie de la France*, t. I, Service géologie national, p. 54.

Le *document 2* présente l'intense fracturation du sous-sol qui explique les difficultés de l'extraction de la houille et son manque de compétitivité par rapport à des mines à ciel ouvert, par exemple (cf. *doc. 1*, l'origine des importations de charbon, en particulier des États-Unis où les conditions d'extraction à ciel ouvert sont meilleures) ; le *document 3* présente la différentiation entre l'est et l'ouest du bassin houiller : les sondages réalisés par le B.R.G.M. montrent le sommet du houiller aux environs de 35,8 m de profondeur dans l'est du bassin houiller (moyenne sur dix sondages du n°260 au n°270, aux alentours de Denain) contre une moyenne de 103 m de profondeur dans l'ouest du bassin (moyenne sur dix sondages, du n°70 au n°80, aux alentours de Lens). La plus faible profondeur des veines de charbon explique une extraction plus précoce dans la partie orientale, ainsi qu'une industrialisation également plus précoce (l'extraction commence avant la révolution industrielle et des transports, d'où la fixation de l'industrie sur place). L'extraction dans l'ouest du bassin, plus difficile, commence à la fin du XIXe siècle, après la révolution industrielle, d'où l'absence d'industries : l'ouest devient uniquement un secteur d'extraction, le charbon étant transporté vers l'est, précocement industrialisé *(doc. 4)*.

Document 3 : Répertoire des puits et forages (par G. Waterlot)

Épaisseur en mètres des terrains traversés ou cote N.G.F. (avec le signe + ou -) de la tête du terrain (en général le plus ancien) atteint par l'ouvrage.

a^2	: Alluvions	D	: Dinantien
a^{1b}	: Limons	d	: Devovien indéterminé
e_m	: Yprésien	d^6	: Famennien
e_v	: Landénien	d^3	: Frasnien
c^7	: Sénonien	d^{-4}	: Givétien
c^{6c}	: Turonien supérieur	d^3	: Eifélien (Couvinien)
c^{6b}	: Turonien moyen	d^2	: Siegénien - Emsien
c^{6a}	: Turonien inférieur	d^1	: Gédinnien
c^4	: Cénomanien	$d^1 S$	: Siluro - Dévonien de l'Artois
c_m	: Wealdien	S	: Silurien
H	: Houiller		

N°	a^2 ou a^{1b}	e_m	e_v	c^7	c^{6c}	c^{6b}	c^{6a}	c^4	c_m	Paléozoïque
70	1			62	6	37	20	29		H à - 86
71				59	6	36	31	28		H à - 85
72				56	8	26	45	9		H à - 102
73				53	2	25	40	25		H à - 105
74	4			33	7	39	27	30		H à - 100
75				60	10	31	30	25		H à - 110
76				56	7	36	32	24		H à - 113
77	2		2	46	9	43	18	30		H à - 113
78	10		2	59	à - 71					
79				57	3	23	38	31		H à - 99
80	3		3	59	9	42	23	26		H à - 117
260			3	8	10	21	22	7		H à - 43
261	1			17	13	17	31			H à - 32
262	3			14	15	19	31	6		H à - 46
263	1			13	16	17	37			H à - 44
264	3			5	16	15	27	6		H à - 30
265	1			8	15	18	22	8		H à - 28
266	1				14	18	32		4	H à - 44
267	1			1	13	18	22	11		H à - 38
268	1			1	18	17	23	9		H à - 29
269	1			5	11	17	24	9		H à - 35
270	1			17	12	21	25	12		H à - 45

Source : « Répertoire des puits et des forages, notice de la carte géologique de la France à 1/80 000 de Douai » 3e éd., B.R.G.M., p. 10, 11, 14, 15.

2.   Un pays en partie figé

L'activité extractive se réduit *(doc. 1)*, le pays noir se fossilise. Le paysage porte les vestiges des activités passées.

2.1. *Le paysage des mines fossiles et les rares foyers de résistance à la fossilisation*

C'est le paysage qui apparaît au premier coup d'œil sur la carte. L'activité extractive se remarque (éd. de 1956 et 1985) :

A — Par les carreaux des mines
On les repère à leur qualificatif (fosse n°4 à Hersin-Coupigny, par exemple, lorsque les fosses sont fonctionnelles sur les anciennes éditions ; anciennes fosses n°6 et 7 de Bruay, sud-est de Bruay-en-Artois par exemple, lorsqu'elles ne sont plus fonctionnelles, sur les éditions récentes). On les repère aux chevalements (fosse n°8 de Nœux entre Verquin et Nœux-les-Mines, ancienne fosse n°11 Pierre-Destombes au nord de Liévin).

B — Par les terrils
Ces morts terrains trahissent la profondeur du houiller. Notez la taille de ces terrils (avec le tapis qui amène les résidus du puits au sommet du terril – tous les terrils, éd. de 1956 – ; ou parfois un chemin d'accès qui s'enroule à la manière d'une spirale autour de l'éminence topographique – terril au nord de la cité 30, ouest de Bruay-la-Buissière, éd. de 1991) , à comparer avec les terrils fossiles beaucoup plus petits de l'ouest du bassin houiller (région de Valenciennes, par exemple, où le houiller affleure). La comparaison de l'édition de 1956 et l'édition de 1985 montre quatre cas de figure :
 – les terrils déjà fossiles en 1956 : terril ouest de la fosse n°4 de Hersin-Coupi-gny ; les terrils qui étaient fonctionnels en 1956 et se sont fossilisés entre les deux éditions : fosse n°6 de Béthune, sud-est de Mazingarbe ;
 – les terrils qui existaient déjà en 1956 et qui se sont accrus depuis : les deux terrils de la fosse n°11 Pierre-Destombes au nord de Liévin ;
 – les terrils qui n'existaient pas en 1956 et qui existent en 1985 : fosse n°6 de Bruay, sud-est de Bruay-en-Artois ; ces quatre cas se simplifient au cas n°2 si on compare l'édition de 1956 avec l'édition de 1991, ce qui montre l'actualité de la fermeture des fosses, par rapport à la partie est du bassin houiller où cette fermeture est beaucoup plus ancienne.

2.2. *Les voies de communication fossiles*

Celles-ci sont à deux niveaux : un niveau local et un niveau régional que l'on peut qualifier de longitudinal.

A — Au niveau local
Les voies de communication liées au pays noir sont aussi fossilisées, au même titre que les fosses et les terrils. La comparaison des deux éditions montre ici encore les

*Document 4. **La métallurgie en 1845 et en 1952 dans la région du Nord.***

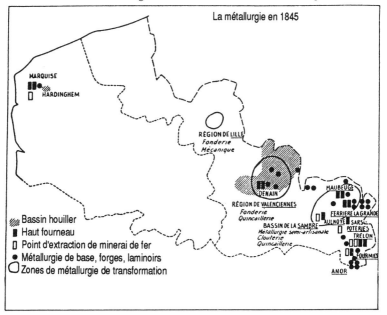

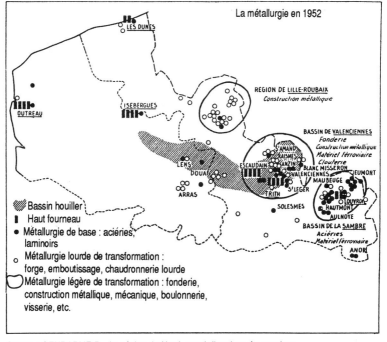

Source : GENDARME R., *La région du Nord, essai d'analyse économique*,
Centre d'étude économique, A. Colin, p. 60 et 61.

cas de figure signalés plus haut : notons, par exemple, le cas de la voie ferrée desservant, sur l'édition de 1956, la fosse n°8 de Nœux, à équidistance de Nœux-les-Mines et Béthune. Sur l'édition de 1985, la fosse n°8 n'existe plus, le chevalement a été démonté et il ne reste du terril qu'une éminence topographique surbaissée. La voie ferrée a aussi été démontée, mais son empreinte demeure par la persistance du talus artificiel qui la sous-tendait. Sur l'édition de 1991, le talus a été nivelé et une route et un petit lotissement ont été édifiés à cet emplacement. L'édition de 1985 offre d'autres exemples démonstratifs (en orange) de voies désaffectées ou démontées dont il persiste le sous-bassement.

D'autres voies ferrées, en revanche, persistent encore dans le paysage et semblent encore fonctionnelles : c'est le cas de la voie desservant la fosse n°9 au sud de Barlin, à l'est du bois d'Olhain et qui demeure fonctionnelle, car une cimenterie se localise juste au sud de la fosse. La persistance de cette voie est liée à une activité autre qu'extractive.

B — Au niveau régional

Une logique de circulation longitudinale a consisté à construire des voies desservant le bassin houiller d'ouest en est, selon son axe d'allongement : c'est le cas, par exemple, de la rocade houillère dont on a la partie occidentale sur l'édition 1985 (A21), rocade qui se poursuit jusqu'à Douai et au-delà et qui répond à une logique de développement propre au pays noir, logique qui s'achève avec la fermeture des derniers puits.

2.3. L'urbanisation fossile

Le *document 5* présente ce contraste entre la forte croissance urbaine des villes du pays noir au temps de son âge d'or et le déclin de ces mêmes villes à partir du milieu du XXe siècle. Durant cet âge d'or, les villes du pays noir se sont construites autour ou en marge d'un village d'origine sous la forme d'une urbanisation typique liée à l'activité extractive : les corons. De la disproportion entre le village d'origine et les extensions urbaines liées à l'activité extractive dépendent l'intensité de la crise de l'habitat et sa fossilisation. L'exemple de Bruay-en-Artois, ville d'extraction minière, illustre le cas d'une disproportion flagrante : le centre urbain est constitué par un ancien village, sur le versant de rive droite de la Lawe. Autour du village, des cités se sont développées de façon anarchique. La ville est devenue une marqueterie désordonnée de cités, sans plan d'ensemble. Chaque cité est repérée par son numéro (cité 16, cité 32, ...) ou, rarement, par un toponyme qui peut révéler l'origine de mineurs immigrés (cité Le Maroc). Bruay-en-Artois avait 31 900 habitants en 1956 et 23 200 en 1985. L'abandon des corons est consécutif à la crise de l'extraction minière. D'autres communes du bassin houiller perdent moins d'habitants : celles-ci s'organisent autour d'un village préexistant à l'activité extractive et qui a pu rester tourné vers une autre activité, généralement rurale : c'est le cas, par exemple, de Barlin (9 200 habitants en 1956 et 7 800 en 1985) ou de Hersin-Coupigny (8 600 habitants en 1956, 7 000 en 1985) : il n'y a pas, dans ces communes, de disproportion aussi considérable entre le village d'origine et les corons. L'abandon a donc

Document 5. Croissance urbaine dans le Nord-Pas-de-Calais.

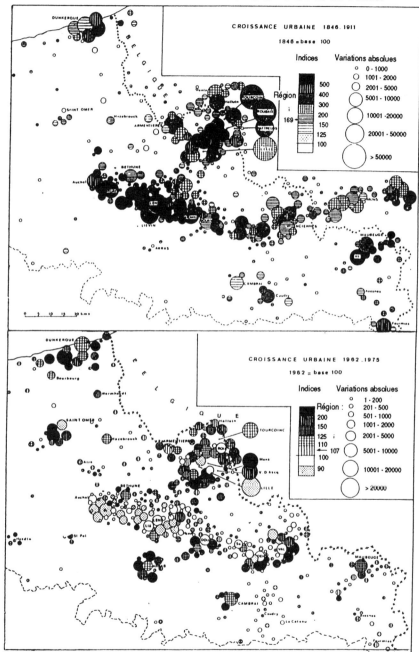

Source : BRUYELLE P., *L'Organisation urbaine de la région du Nord-Pas-de-Calais,* thèse de doctorat d'État, Atelier de reproduction des thèses, Université de Lille III, cartes 13 et 57.

des répercussions moindres sur l'urbanisation, d'autant que, dans ces deux cas, la crise a pu être compensée en partie par la présence de la cimenterie au sud de Barlin. Les communes plus importantes qui avaient des activités plus diversifiées ont compensé cette crise de l'urbanisation et ont pu perdre moins d'habitants : Lens (40 800 en 1956, 38 300 en 1985) en est l'exemple.

3. Un pays en mutation

La crise de l'activité extractive génère un paysage en partie figé et en partie en mutation sous l'impulsion d'une nouvelle stratégie de développement.

3.1. La reconversion industrielle du pays noir

La crise du pays noir se traduit par une contraction de l'emploi industriel : le *document 6* en souligne l'intensité, inégale entre l'est précocement et profondément industrialisé et l'ouest du bassin houiller. La réutilisation de ce bassin de main-d'œuvre nécessite une reconversion industrielle. Elle se manifeste par la création de nouvelles zones industrielles sans lien avec l'activité extractive si ce n'est cette nécessité d'utiliser ce réservoir de main-d'œuvre initialement destinée à cette activité première. C'est le cas de la zone industrielle de Béthune, entre la ville et le canal de l'Aire ; c'est encore le cas de la zone industrielle de Ruitz ; c'est aussi le cas des zones industrielles de Billy-Berclau et de Liévin. Cette reconversion se manifeste aussi par l'implantation de nouvelles usines isolées : le long du canal de Lens, dans la banlieue nord de Lens, à Grenay... On peut noter la relation entre les anciennes fosses et l'implantation de ces nouvelles usines et fabriques, réutilisant le même site : par exemple la nouvelle zone industrielle de Nœux-les-Mines à cheval sur l'ancienne fosse n°3 et un ancien faisceau de voies ferrées. De même, on notera la relation entre ces nouvelles implantations industrielles et les nouvelles voies de communication (autoroutes avec échangeurs, canal).

3.2. De nouvelles voies de communication

Elles se développent en relation avec d'autres logiques d'aménagement (logique que l'on peut qualifier de transversale, par opposition à la logique d'extraction minière longitudinale) : certaines ont pour fonction la desserte des principales agglomérations – rocade de Lens, par exemple, avec ses nombreux échangeurs. La plupart traversent le pays noir en étrangères : on notera plus particulièrement les deux axes se croisant dans la région de Lens – axe est-littoral de la mer du Nord (Reims et au-delà, Calais *via* Lens : A26) ; axe Paris-Lille (A1) avec accès rapide vers Lens par la A21. L'exemple de Nœux-les-Mines illustre l'indépendance entre les nouvelles voies de circulation et le pays noir : Nœux-les-Mines sur l'édition de 1955 est un carrefour ferroviaire ; sur l'édition de 1985, Noeux-les-Mines n'est plus un carrefour ferroviaire et l'autoroute A26 l'évite par l'est : les échangeurs pour l'accès à l'autoroute ont été placés l'un au sud-ouest de Béthune, l'autre à Bully-les-Mines. Nœux-les-Mines est en marge des nouvelles voies de communication, ce qui peut pénaliser son développement futur.

Document 6a : L'inégale contraction de l'emploi industriel
dans les différentes parties du Nord-Pas-de-Calais entre 1975 et 1988

Saint-Omer	- 10%
Béthune	- 13%
Flandre-Lys	- 18%
Berck-Montreuil	- 19%
Artois-Ternois	- 21%
Dunkerque	- 25%
Calaisis	- 30%
Boulonnais	- 32%
Douaisis	- 32%
Lille	- 34%
Région	**- 35%**
Cambrésis	- 40%
Roubaix-Tourcoing	- 42%
Sambre-Avesnois	- 42%
Lens-Hénin	- 46%
Valenciennois	- 49%

Document 6b : Évolution de la place de l'industrie dans le total des emplois
existant dans les différentes parties de la région en 1962 et en 1988

1962		1988	
Lens-Hénin	68 %	Saint-Omer	44 %
Roubaix-Tourcoing	67 %	Bétthune	44 %
Valenciennois	66 %	Douaisis	40 %
Douaisis	59 %	Sambre-Avesnois	39 %
Béthune	57 %	Dunkerque	38 %
Sambre-Avesnois	56,5 %	Roubaix-Tourcoing	37,5 %
Région	**53 %**	Valenciennois	38 %
Lille	50 %	Flandre-Lys	36 %
Cambrésis	48 %	Cambrésis	36 %
Calaisis	46 %	Lens-Hénin	36 %
Dunkerque	40 %	**Région**	**34 %**
Saint-Omer	37 %	Calaisis	33 %
Flandre-Lys	36 %	Boulonnais	30 %
Boulonnais	36 %	Artois-Ternois	28 %
Artois-Ternois	29 %	Lille	27 %
Berck-Montreuil	21 %	Berck-Montreuil	23 %

Document 6c : Évolution du poids des différentes parties du Nord-Pas-de-Calais
dans le total de l'emploi industriel régional

	1962	1975	1988
Roubaix-Tourcoing	16 %	14 %	12 %
Lille	19 %	19 %	19 %
Béthune	7%	6 %	7,8 %
Lens-Hénin	11 %	9 %	7,5 %
Douaisis	6%	6 %	6,3 %
Valenciennois	12 %	11 %	8,5 %
Cambrésis	4,8%	5 %	4,5 %
Sambre-Avesnois	7 %	7 %	6 %
Calaisis	3 %	3 %	3,25 %
Boulonnais	2,75 %	3,3 %	3,1 %
Dunkerque	4,5 %	6,8 %	8 %
Saint-Omer	1,75 %	3 %	4 %
Flandre-Lys	1,8 %	2,1 %	2,5 %
Artois-Ternois	3 %	4,25 %	5 %
Berck-Montreuil	1 %	1,3 %	1,5 %

Source : BATTIAU M., *Le Nord-Pas-de-Calais : un espace industriel en voie de recomposition,*
Hommes et terres du Nord, 1989, 1-2, p. 32.

On notera aussi les travaux d'amélioration de la circulation sur le canal d'Aire, qui se révèle être un nouvel axe de développement industriel (au niveau de Béthune avec comblement du canal sud, au niveau de la Bassée avec prolongement rectiligne du canal court-circuitant le coude de la Bassée).

3.3. Un nouvel essor urbanistique

A — Habitat préexistant au pays noir
À côté de l'habitat lié au pays noir et en crise, les villes du pays noir présentent deux types d'habitat préexistant au pays noir et qui ne sont pas en crise :
– en marge des cités, les villages orientés vers l'exploitation des terres ;
– les centres-villes de Béthune et Lens, en partie endommagés par les deux conflits mondiaux – notez les cimetières britanniques à Gosnay, Houchain, Lens –, avec les bâtiments classiques des centres (beffroi, hôtel de ville, théâtre, palais de justice, sous-préfecture...).

B — L'essor urbanistique actuel
Il se manifeste sous trois formes :
a) Il se fait sous la forme d'un accroissement de l'habitat pavillonnaire sur le pourtour des cités préexistantes : exemple des corons de La Croix-Ricart au sud de Nœux-les-Mines (éd. de 1955) où l'on observe un accroissement du pavillonnaire

avec la construction d'un collège (éd. de 1985), ce qui n'empêche pas la commune de perdre des habitants (13 700 en 1956, 13 200 en 1985 et 13 100 en 1991).

b) Il se fait par un accroissement qui tranche nettement avec le style préexistant – exemple de la banlieue sud de Béthune : l'édition de 1955 présente un quartier type de l'activité extractive associée à la voie de chemin de fer, la cité des Cheminots au sud de la gare de Béthune encadrée par la fosse n°11 de Nœux à l'ouest et par la fosse n°11 *bis* à l'est. L'édition de 1991 montre un essor important de ce quartier : la cité, héritage de la période extractive, n'a pas évolué. En revanche, un nouvel îlot urbain s'est créé à l'ouest de la cité sous forme d'immeubles avec les facilités d'usage – collège, centre commercial, terrain de sport. L'ancienne fosse n°11 de Nœux a disparu, et le petit terril a été en partie arasé et remplacé par un espace vert. Quelques pavillons sont apparus suivant un plan qui tranche avec l'organisation très géométrique des corons.

c) Il se fait enfin par la création *ex nihilo* de cités au plan résolument non géométrique pour trancher sur les plans géométriques des cités préexistantes : c'est le cas de la Z.A.C. des Marichelles, à Liévin.

Dans tous les cas de figure, notez l'usage fait des anciennes installations extractives : un exemple remarquable est donné par les installations de l'ancienne fosse n°5 de Lens qui ont été transformées en parc de loisirs des Glissoires.

Conclusion

Stade terminal du déclin ou renouveau *(doc. 7)* ? Cette question à l'échelle du bassin houiller doit être nuancée. La comparaison entre les cartes de Béthune-Lens illustrant la partie occidentale du pays noir et la carte de Valenciennes, par exemple, illustrant la partie orientale du pays noir montre comment deux paysages évoluent différemment à la suite d'une simple disposition différente des couches de charbon : les veines peu profondes de la région de Valenciennes contrastent avec les veines plus profondes de la région de Lens. À partir de cet état, les grandes époques de l'histoire vont façonner différemment les deux parties du pays noir :

– Fin du XVIIIe et première moitié du XIXe siècle : le charbon est extrait dans l'est tandis que l'ouest n'est pas encore exploité. La révolution industrielle arrive et fixe, là où est extrait le charbon, diverses industries (sidérurgie, par exemple, en complément avec le minerai lorrain).

– Fin du XIXe siècle : la crise de l'extraction frappe l'est du bassin. L'ouest commence à être exploité. La révolution des transports empêche toute localisation d'industries dans l'ouest : le charbon nécessaire à la marche de l'industrie bien implantée dans l'est est acheminé par voie ferrée (voir la commune de Denain et le pourcentage d'industries dans la ville, ou encore le croquis de Denain dans l'espace industriel, DEZERT B. et VERLAQUE C., Masson, 1978, p. 84).

– XXe siècle : l'est est frappé par la crise industrielle (déplacement de la sidérurgie sur l'eau, à Dunkerque, suivant une nouvelle logique de transport des marchandises) et la reconversion industrielle débute. La crise de l'extraction du charbon frappe l'ouest du bassin (importation de charbon meilleur marché, produits de substitution – pétrole, électricité). La reconversion débute ici aussi par décentralisation et délocalisation.

Les deux parties du bassin ont évolué à des vitesses différentes, la partie ouest avec quelques décennies de retard sur la partie est. Elles tendent, aujourd'hui, à se rattraper dans la crise et la reconversion. Dans l'est, les paysages gardent néanmoins la trace d'un épisode industriel associé au pays noir que n'a pas connu et que ne connaîtra pas la partie occidentale du pays noir.

Document 7 : Le pays noir, une nouvelle chance

Les zones centrale et occidentale du bassin houiller, voisines de Lille, sont les mieux placées par rapport aux grandes infrastructures qui relient la région du Nord à l'Europe rhénane et à la région parisienne. Au tournant des années 1960, les zones centrales ont exercé, sur des activités en croissance et grosses consommatrices de main-d'œuvre, une attraction réelle. L'implantation de la construction automobile à Béthune et à Douai en est un exemple spectaculaire. En dépit de ces tentatives de substitution, les profils des villes portent encore la marque profonde de leur spécialisation ancienne. Les activités tertiaires y ont une importance relativement faible : 48 % des actifs à Lens, 50 % à Béthune et 53 % à Douai, contre plus de 68 % dans l'ensemble des villes françaises de plus de 200 000 habitants. Les activités industrielles de pointe sont très faiblement représentées : moins de 2 % des actifs à Lens et à Béthune, moins de 4 % à Douai, contre 7 % dans l'ensemble de la région. La qualification du travail demeure façonnée par le passé industriel : sur-représentation des ouvriers, sous-représentation des employés, des cadres et des ingénieurs. Ces derniers ne comptent que quelque 3 % des actifs à Lens, 4 % à Béthune et 5 % à Douai. Le vieillissement est particulièrement sensible dans la partie occidentale du bassin. Certains traits de l'évolution récente pourraient pourtant témoigner d'une légère amélioration des trajectoires de ces zones centrales. Le déclin urbain, amorcé dès les années 1950, s'est certes prolongé au-delà de 1975, mais il a alors été moins rapide, plus proche de celui observé dans les autres villes française de taille comparable. Tout s'est passé comme si les villes de cette partie centrale et occidentale du bassin houiller étaient désormais en mesure de mieux résister au déclin — à l'exception de Douai, où la diminution de la population s'accentue depuis 1975. L'évolution plus récente confirme ces tendances. Depuis 1980, la zone de Lens exceptée, la régression des emplois industriels a été moins rapide que dans l'ensemble de la région et, mis à part le cas de Douai, la croissance des emplois tertiaires a en général été égale, voire très nettement supérieure à la moyenne régionale, comme à Béthune par exemple. L'évolution récente est-elle simplement l'expression d'un stade terminal du déclin ou au contraire annonciatrice d'un certain renouveau de ces zones centrales, lié à la proximité lilloise et au voisinage des grands axes nord-sud qui traversent la région et le desservent ? Les opérations de rénovation du tissu urbain lancées par Béthune pour imposer une nouvelle image de marque ne seraient-elles pas un des signes de ce renouveau ?

Source : *La Géographie universelle*, France-Europe du Sud, Hachette — Reclus, p. 173-174.

Document 8 : carte de Béthune et Lens, un secteur du pays noir occidental : un pays noir en partie figé et en partie en mutation (à partir des trois éditions de 1956, 1985, 1991)

Légende du croquis page ci-contre

1 – Le cadre du pays noir
1–1. Un pays plat

54   Points cotés

~   Cours d'eau

▷◁   Escarpement

1–2. Dans un paysage d'openfield

Parcelles boisées

Champs ouverts

2 – Un pays en partie figé
2–1. Paysage des mines fossiles

▲   Fosses fonctionnelles en 1956 et en 1985, mais pas en 1989

⧍   Fosses fonctionnelles en 1956, mais fossilisées entre 1956 et 1985

●   Terrils grossissant entre 1956 et 1985, mais fossilisés en 1989

◉   Terrils fonctionnels en 1956, mais fossilisés entre 1956 et 1985

2–2. Voies de communication fossiles

++++++   Voies ferrées fonctionnelles en 1956, mais démontées en 1985

Voies ferrées encore fonctionnelles en 1989

Rocade houillère

2–3. Urbanisation fossile

Cités et corons

3 – Un pays en mutation
3–1. Reconversion industrielle du pays noir

Nouvelles zones industrielles et industries diverses

3–2. Voies de communication non liées fonctionnellement au pays noir

Autoroutes avec échangeurs

Routes principales

3–3. Essor de l'urbanisation

Habitat préexistant au pays noir ou non lié fonctionnellement au pays noir (villages)

Extension de l'urbanisation, densification du tissu urbain, mitage de l'espace rural entre 1956 et 1989

Cartes de Mulhouse

Documents à consulter :

Cartes topographiques à 1/50 000 (Mulhouse,1975) et à 1/25 000 (Mulhouse, 3720 ouest, 1986 ; Rixheim, 3720 est, 1986) : documents de base.
Carte géologique à 1/50 000 Mulhouse, 1976.

Documents présentés :

Document 1 : Croquis principal.
Documents 2 et 3 : Textes extraits de : LIVET G. et OBERLE R., *Histoire de Mulhouse, des origines à nos jours,* éd. Dernières Nouvelles d'Alsace, Strasbourg, 1977, p. 127, 134, 175.
Document 4 : Texte extrait de NONN H., 1980, « La Trilogie des villes maîtresses alsaciennes », in BEAUJEU-GARNIER J., *La France des villes, Nord et Nord-Est,* La Documentation française, Paris, 1980, p. 131.
Document 5 : Carte et texte extraits de : VON ELLER *et alii, Guide géologique régional Vosges-Alsace,* Paris, Masson, 1984, p. 166 et 167.
Document 6 : Texte extrait de DEZERT B., « Le Pays de la potasse, des lieux et des hommes », comptes rendus des *Annales de géographie*, 99, Armand Colin 1990, p. 729.
Document 7 : Carte extraite de NONN H., *op. cit.*, p. 132.
Document 8 : Texte extrait du journal *Le Monde*, 8-9 mai 1988, p. 10.
Document 9 : Texte extrait du journal *Le Monde*, *Initiative*s : les frontaliers au quotidien, 1992.

La localisation de la carte permet immédiatement de faire apparaître un paradoxe susceptible de guider son commentaire. À l'*échelle locale*, notons le contact entre le Sundgau, au sud de Mulhouse, et la plaine d'Alsace, au nord de cette ville, qui a exploité un site favorable aux échanges. À l'*échelle régionale* et *nationale*, il convient d'insister sur la présence du Rhin, frontière historique avec l'Allemagne, et de rappeler celle de Bâle, au sud. La carte ne montre pas seulement l'existence de l'axe rhénan grâce au couloir qui apparaît entre le Sundgau et le piedmont de la Forêt-Noire (990-2314). Par les collines sous-vosgiennes, piedmont des Vosges (964-2330), elle nous rappelle l'existence du seuil d'Alsace qui s'amorce entre le Sundgau et le massif vosgien. À l'*échelle internationale*, la situation de Mulhouse lui permettrait d'exploiter un carrefour européen entre l'axe rhénan et l'axe Rhin-Rhône.

La localisation de la carte place immédiatement Mulhouse au centre du commentaire et souligne le paradoxe des fonctions limitées de cette agglomération au regard de sa situation. S'il est vrai que la présence industrielle y a été précoce, y reste importante, que l'agglomération représente plus de 180 000 habitants en 1982, il ne s'agit que d'une sous-préfecture sans desserte autoroutière achevée sur la carte de 1975.

De même, la zone d'influence mulhousienne est fortement marquée par l'industrie et par des indices multiples de rurbanisation. Mais la carte et les documents joints permettent d'illustrer combien ces évolutions récentes des localisations industrielles et de l'habitat doivent plus à la proximité de la frontière et aux décisions de firmes multinationales qu'aux décisions des pouvoirs politiques et économiques mulhousiens.

1.   Une agglomération marquée par l'industrie et par sa situation dans l'espace français

La carte ne permet pas d'utiliser l'expression d'« agglomération multicommunale » puisque la discontinuité de l'habitat entre Mulhouse et les communes urbaines du nord (de Lutterbach à Illzach) est supérieure à 200 m.

Le développement de ces communes suburbaines au nord d'une des gares de Mulhouse doit beaucoup à la croissance de la ville centrale, ce qui impose qu'on les traite dans cette partie. En revanche, Kingersheim et Wittenheim, plus au nord, ont été marquées par l'exploitation de la potasse, et seront exclues de l'agglomération pour ce motif.

1.1. Des tissus urbains discontinus, très contrastés, et une croissance urbaine déséquilibrée vers le nord

Le *document 1* synthétise les points principaux de l'analyse cartographique :

A — Le tissu urbain bâti est entrecoupé de terrains vagues associés aux voies de communication. L'Ill et la Doller, corsetées de digues, accentuent ce découpage. On remarquera l'emprise des gares de triage et des échangeurs :

Document 1 : l'agglomération de Mulhouse marquée par les héritages de l'industrie et de la situation dans l'espace français

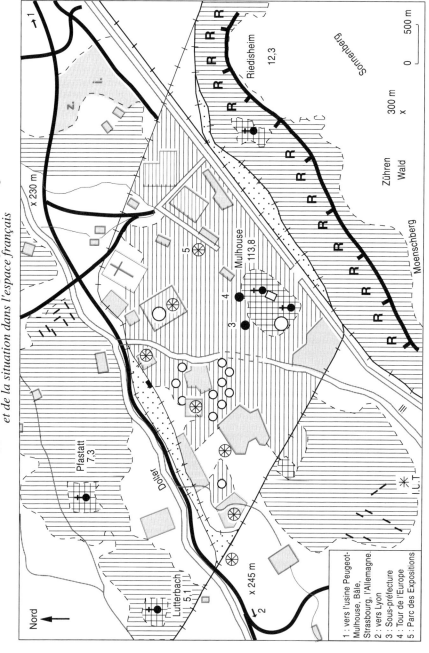

1 : vers l'usine Peugeot-Mulhouse, Bâle, Strasbourg, l'Allemagne.
2 : vers Lyon
3 : Sous-préfecture
4 : Tour de l'Europe
5 : Parc des Expositions

Légende du croquis page ci-contre

1 – Une ville au tissu urbain très discontinu, hétérogène et à la croissance urbaine déséquilibrée vers le nord
* Des réseaux qui découpent le tissu urbain

⁓⁼ Cours d'eau et canaux

╫╫╫╫╫ Voies ferrées, gares et emprise ferroviaire (gares de triage)

🔲 Autoroutes et échangeurs

* Des tissus urbains très contrastés, qui soulignent une croissance urbaine préférentielle vers le nord

🔲 Centre-ville historique et anciens villages

🔲 Croissance urbaine antérieure aux voies ferrées, essentiellement du XVIIIe et du XIXe siècle

🔲 Croissance urbaine réalisée pour l'essentiel au XXe siècle

2 – Les héritages de la première révolution industrielle, d'une situation marginale dans l'espace français : une ville en rééquilibrage fonctionnel
*Contraintes liées à l'industrialisation précoce et à la frontière

🔲 Usines : bâtiments fonctionnels ou hérités

o o Cités ouvrières du textile, associées aux usines

🔲 Cimetière ; forte emprise foncière liée à la poussée démographique du XIXe siècle

R R Habitat des chefs d'entreprise et des cadres dès le XIXe siècle

🔲 Blocage foncier à la croissance urbaine sur l'escarpement

🔲 Blocage foncier à la croissance urbaine du fait des casernes

* Évolution fonctionnelle de Mulhouse

◯ Opérations de rénovation ou de réhabilitation

● Déplacement du centre de l'agglomération vers le nord

⊛ Développement de la fonction tertiaire

z. i. Zones industrielles récentes, dissociées de l'habitat, proches des échangeurs

—| Immeubles-barres

B — Il est possible de repérer plusieurs types de quartiers très contrastés :

a) Le centre historique est identifié grâce à ses ruelles sinueuses, à la cathédrale, que font ressortir une étoile rose et les places du marché, à l'hôtel de ville. Un boulevard semi-circulaire, sur le tracé des anciens remparts, en matérialise les limites, tout comme la densité des usines au sud-ouest.

b) Au nord du centre historique, le réseau de rues puis le bâti deviennent de plus en plus géométriques. L'association des filatures et de l'habitat homogène individualise des cités ouvrières liées à l'industrie textile.

c) Au sud du centre historique apparaissent au contraire des quartiers à la densité du bâti plus faible, et presque dénués d'usines. Le tracé des rues y est volontairement sinueux, les parcs abondent. La carte au 1/25 000 confirme la présence de grandes propriétés, ou de petits immeubles collectifs récents, aux toponymes révélateurs (L'Ermitage : 976-2317 ; le parc d'Entremont : 978-2318). Notons que ce quartier est associé à l'escarpement qui limite le Sundgau.

d) Enfin, le *document 1* montre des tissus urbains plus hétérogènes, dont ceux des trois communes suburbaines du nord. On trouve ici l'habitat individuel, tantôt sous forme de lotissements, tantôt développé sans ordre, les immeubles-barres, comme ceux de Bourtzwiller (975-2320), les usines, et même les corps de fermes certainement réhabilités qui permettent d'identifier les anciens villages. On les reconnaît grâce aux traits noirs plus épais autour des églises.

C — Deux faits permettent de souligner que ces tissus urbains évoluent vite et que la croissance urbaine a été déséquilibrée vers le nord

a) La variation des densités du bâti autorise l'individualisation symbolique de quelques immeubles sur les marges du centre originel, même à l'échelle du 1/50 000.

b) Le centre historique est excentré, ce d'autant plus que les quartiers sud sont peu densément bâtis.

1.2. Une ville marquée par la première révolution industrielle, par sa situation en France et en voie de rééquilibrage fonctionnel.

Ces trois grilles de lecture facilitent l'interprétation du tissu urbain mulhousien, dont les principales originalités ont été dégagées ci-dessus.

A — L'importance des héritages liés à la première révolution industrielle

a) L'ancienneté des localisations industrielles se lit par l'association entre l'usine et l'habitat, qu'imposèrent les difficultés techniques et économiques des migrations pendulaires. Elle se traduit ici par l'aménagement de cités sur des terrains appartenant aux industriels. La préférence nordique des localisations industrielles et l'association entre lieu de travail et d'habitat, fruits d'un développement industriel précoce, techniquement et socialement très contraint, expliquent en grande partie la croissance urbaine déséquilibrée.

b) Le *document 1* fait ressortir une liaison préférentielle entre la localisation de certaines industries et les cours d'eau, les canaux, par une disposition en chapelet. Le toponyme « mer Rouge », qui qualifie une usine en 972-2316, n'est pas moins

Document 2a : L'eau et l'industrie textile à Mulhouse

« Il fallait aux indienneurs une énergie et une persévérance farouches pour innover et aboutir. Aux impératifs financiers et politiques, aux problèmes de la main-d'œuvre et de la technique s'ajoute un problème d'hydrologie. Il fallait de grands espaces d'étendage, mais aussi une eau dont les qualités répondent aux exigences de la fabrication. Beaucoup d'historiens ont insisté sur la valeur des eaux du Steinbaechlein, canal de dérivation de la Doller, qui part du pont d'Aspach et qui rejoint l'Ill à Mulhouse près de la porte Haute au Dollergraben. Mais on sait que, durant de longues années, les manufacturiers achetèrent des toiles en état d'être imprimées telles quelles et qu'ils se bornèrent aux opérations de reblanchi-ment après teinture. L'eau du Steinbaechlein ne servait donc primitivement qu'à laver et à arroser les toiles. Il en était autrement du garançage, c'est-à-dire de la teinture des mordants incolores que l'on imprimait et qui prenaient leurs coloris dans ce bain tinctorial. Teint-on en garance avec une eau non calcaire ? De la craie doit être ajoutée au bain tinctorial. Une nécessité s'impose : utiliser une eau calcaire pour les teintures à réaliser. Laquelle ? Celle du Steinbaechlein, d'après P.R. Schwartz, occasionnerait des "ratages" dans les pièces. S'imposent donc les eaux calcaires de l'Ill, tirées soit de la rivière, soit de puits alimentés par une nappe aquifère alcaline. Que l'on démythifie donc le rôle bienfaisant du canal ! Ajoutons qu'installés rue de la Loi, les indienneurs pouvaient disposer, pour le blanchiment, des prés d'étendage de la porte Haute, entre les deux foulons. »

Document 2b : Structure sociale et industrialisation à Mulhouse

« Le succès de la passementerie bâloise avait contribué au XVIIe siècle au renom de la ville voisine et alliée. La mécanisation de la fabrication des rubans, des ganses, des galons, des tresses y avait été autorisée dès la fin du XVIIe siècle. La prospérité de cette entreprise ne devait pas tarder à susciter ailleurs des tentatives d'innover sur le même modèle. Deux Mulhousiens, Georges Zetter et Jacques de Piehl, conçurent le projet. Ils ne pouvaient soupçonner la violence de la réaction qui allait se produire dans le corps des métiers des passementiers. Après une enquête faite en Allemagne, le Magistrat se rallia aux arguments des plaignants et interdit le métier mécanique. Zetter établit son entreprise à Riedisheim (1755). Pendant ce temps, deux autres Mulhousiens, Jean Vetter et Henri Dollfus, évitant les tracasseries des corps de métiers, ouvraient une fabrique de rubans à Dornach. »

Source : Extrait de Livet G. et Oberlé R., *Histoire de Mulhouse des origines à nos jours*, Éd. Dernières Nouvelles d'Alsace, Strasbourg, 1977, p. 134.

explicite. Le *document 2* relativise l'importance de l'eau pour les localisations industrielles initiales. Il montre que les lits majeurs des cours d'eau, surtout étendus au nord du centre historique, présentaient un double intérêt pour l'impression sur tissu. Mais il souligne aussi l'importance des oppositions sociales, corporatives, à l'implantation des industries mécanisées sur le territoire municipal originel. L'industrialisation de Dornach tient dès lors autant aux contraintes sociales de développement qu'aux facilités physiques, d'ailleurs relatives si l'on tient compte du danger que représentent les crues.

c) Cette croissance urbaine vers le nord traduit aussi une volonté de ségrégation sociale. Les quartiers sud de la ville, habités par les cadres et par les chefs d'entreprise, étaient financièrement inabordables aux ménages d'ouvriers. On remarquera que la préférence des catégories aisées de la population pour ce site n'était pas sans raison. En hiver, l'air froid et subsident, malsain dans une ville industrielle, stagne dans les fonds de vallées humides et provoque des inversions thermiques dont peuvent bénéficier les habitants de l'escarpement. La localisation préférentielle des hôpitaux, du jardin zoologique, le toponyme de « Sonnenberg » en 978-2315 (« montagne ensoleillée ») peuvent étayer cette hypothèse. On voit combien la mosaïque de quartiers contrastés tient à la ségrégation sociale qui a accompagné le développement de la première révolution industrielle.

Document 3 : Gestion urbaine du risque accru par l'industrialisation

« Fort actifs furent les maires successifs après 1830 : André Koechlin (1830-1833), Émile Dollfus (1843-1848), Émile Koechlin (1848-1852), Joseph Koechlin-Schlumberger (1852-1863), enfin Jean Dollfus (1863-1869). De leur action municipale on doit retenir l'essentiel des transformations du paysage : l'aménagement d'un site marécageux dont les eaux, après leur rôle défensif et l'utilisation industrielle, provoquaient des inondations ; celles de l'Ill (en septembre 1831) furent les plus désastreuses. D'où le projet d'un canal de décharge des eaux de l'Ill dans la Doller, commencé en 1848, achevé en 1848-1849. En 1852 encore, ce canal de décharge se révélait incapable de contenir les eaux d'une crue subite de l'Ill qui inondaient les bas quartiers. »

Source : LEUILLIOT P., « L'essor économique du XIXe siècle et les transformations de la cité », in *Histoire de Mulhouse des origines à nos jours.*

d) Le développement industriel encourage l'essor des communications et l'aménagement du site urbain. Canaux, voies ferrées aggravent la discontinuité du bâti. Le *document 3* évoque le détournement du cours de l'Ill vers la Doller par un canal dit « de décharge » afin de lutter contre le danger des crues. La carte géologique montre que ce canal traverse une basse terrasse würmienne, et que l'ancien lit majeur de l'Ill a été réutilisé pour le creusement d'un canal parallèle à celui du Rhône au Rhin. La discontinuité du bâti a été exagérée par les travaux de correction qu'ont réalisés les Mulhousiens : ils étaient confrontés à l'augmentation du risque lié à l'industrialisation précoce dans un site dangereux.

e) La vétusté de certaines usines se manifeste sur la carte par leur localisation aux portes mêmes de la ville historique, et par la densité des cheminées. Elles sont représentées ici par des cercles blancs. Certains de ces bâtiments, qui ne sont plus fonctionnels, ont été rasés lors d'opérations de rénovation, susceptibles d'expliquer les variations de densité du bâti, remarquables à proximité d'un centre-ville européen.

B — Les héritages de la situation de Mulhouse en France tiennent à la présence militaire, au développement inégal des axes de communication et de la fonction tertiaire.

a) Les casernes, sises dans la partie est de la ville, rappellent la proximité des frontières. Par leur seule présence, elles ont contribué au blocage de la croissance urbaine vers le nord et à son report sur les communes suburbaines *(doc. 1)*. Les coupures du tissu urbain s'en trouvent accentuées. Comme pour certaines usines, elles ont pu être concernées par des opérations d'urbanisme. La carte à 1/25 000 reporte l'existence d'une cité administrative et d'immeubles au sud-ouest du cimetière, accolés à une caserne. Certains bâtiments ont pu être réhabilités pour installer la cité administrative et des terrains militaires réutilisés pour l'édification des immeubles.

Document 4 : Industrialisation et développement des réseaux

« Organisant la *distribution du travail* aux alentours et dans les vallées vosgiennes du versant alsacien, y implantant des ateliers et fabriques, [la ville de Mulhouse] met en place une *structure solide* : fondation de la Société industrielle (1826), d'écoles techniques de chimie (en 1822), de filature et de tissage (en 1861), d'une Bourse du coton et d'une éphémère école de commerce (1866) ; mais aussi élargissement du travail textile à l'industrie lainière ; et enfin initiative d'une *politique des transports*. Les éléments en sont successivement la jonction Mulhouse-Lyon du canal du Rhône au Rhin (1804), la construction de voies ferrées partant de Mulhouse : Mulhouse-Thann (1839), Mulhouse-Strasbourg et Mulhouse-Bâle (1840), Mulhouse-Paris (1858). L'artisan de cette impulsion, N. Koechlin, lance ainsi l'industrie mécanique bien au-delà du seul outillage textile. »

Source : Nonn H., 1980, « La trilogie des villes maîtresses alsaciennes »,
in Beaujeu-Garnier J., *La France des villes*, *Nord et Nord-Est*, La Documentation française, Paris, 1981, p. 131.

b) Les axes de communication mettent tôt en valeur les possibilités physiques d'échange offertes par la situation de Mulhouse, tout comme le développement précoce de la fonction tertiaire. Le *document 4* souligne tout ce qu'il doit à l'industrialisation. Pourtant, la carte de 1975 présente un réseau autoroutier embryonnaire alors que l'autoroute HAFRABA (Hambourg-Francfort-Bâle) existe depuis la décennie 1930 en Allemagne. Mulhouse n'est qu'une sous-préfecture.

Elle le doit à un rattachement tardif à la France, en 1798, qui lui fit manquer le découpage départemental. Le tertiaire administratif resta, par force, limité. De même, la situation périphérique dans l'espace français a nui à la promotion des axes de communication régionaux : le seuil d'Alsace n'intéresse qu'en partie les liaisons vers la capitale, et l'axe rhénan y est indifférent. Ce frein au développement des axes favorise Bâle, qui profite pleinement de sa situation sur le Rhin. Tout cela explique la prééminence de l'industrie par rapport au tertiaire, comme l'aspect, l'évolution du tissu urbain mulhousien, qui en résultent.

C — L'évolution des tissus urbains traduit les volontés locales d'adaptation, de rééquilibrage fonctionnels qui accompagnent la mise en valeur autoroutière du carrefour mulhousien.

a) Les usines récentes sont installées dans des zones industrielles à l'écart de l'habitat, mais à proximité d'échangeurs. L'exemple de l'usine Peugeot-Mulhouse au milieu de la forêt de la Hardt, qui confine à la caricature, doit être cité.

b) Les opérations d'urbanisme favorisent le renforcement du secteur tertiaire. Le parc des Expositions, le musée de l'Automobile, la tour de l'Europe jouxtent des usines, des entrepôts qui occupent des sites hérités. Il en va de même pour les nombreuses écoles que détaille la carte à 1/25 000, comme celles qui se trouvent au sud-ouest du centre historique de Mulhouse ou qui sont intercalées entre les filatures et les cités ouvrières (974-2317).

c) On notera que la municipalité de Mulhouse utilise ces opérations d'urbanisme pour recentrer l'agglomération : la mairie et la sous-préfecture se trouvent au nord du centre historique. Les paysages urbains reflètent cette évolution, avec les deux monuments emblématiques que sont la tour de l'Europe et la cathédrale.

Cette première partie souligne avec force les héritages mulhousiens, qui se perpétuent dans les efforts de renouvellement tertiaire : pensons au musée des Étoffes, au Collège scientifique, à l'École supérieure de chimie ou à l'Institut universitaire de technologie (973-2314). Aussi n'est-il pas étonnant de constater que l'influence mulhousienne sur les espaces voisins est avant tout liée à l'industrie.

2. Un rayonnement industriel et urbain contesté

L'influence mulhousienne apparaît liée au développement de plusieurs types de communes : celles qui ont été marquées par l'exploitation de la potasse, celles qui sont associées à l'industrie rhénane. Par ailleurs, certaines communes urbaines ou rurbanisées évoluent partiellement en fonction de l'agglomération étudiée.

2.1. *Les villes marquées par l'exploitation de la potasse*

A — Des villes sans centre et concentrées sur une partie de la carte
Localisés dans le quart nord-ouest de la carte à 1/50 000, ces villes et villages rurbanisés (Ungersheim et Feldkirch) présentent d'autres points communs :

a) De forts contrastes se dégagent entre les cités ouvrières, cités-jardins aux tracés très géométriques, munies d'églises ou de temples, d'écoles, parfois de dispensaires, et les anciens villages. À Staffelfelden, la cité Rossallmend (969-2325), comme l'essentiel des bâtiments nécessaires à l'extraction et à la transformation du minerai, sont isolés du centre de la commune par la voie ferrée. Aussi ces communes statistiquement urbaines n'ont-elles pas de centre-ville réel. À Pulversheim, la mairie a quitté l'ancien centre villageois pour être fixée à un carrefour (971-2326).

b) Force est de constater que l'exploitation de la potasse décline surtout au nord et à l'est : Bollwiller, Ungersheim, Ensisheim ont fermé des puits entre 1975 et 1986. Cette évolution était manifeste dès la carte de 1975 pour Wittenheim. En revanche, ces communes ne connaissent pas de déclin démographique. De nouveaux lotissements sont même apparus, comme au sud d'Ungersheim (971-2331).

Il faut donc chercher à comprendre pourquoi l'exploitation de la potasse est restée limitée à ce secteur, pourquoi le déclin de cette activité n'a pas entraîné de décroissance démographique en dépit d'une absence de centre qui caractérise les villes-champignons et leur faiblesse de services. Pour cela, il est indispensable de se tourner vers le *document 5*.

B — L'affaiblissement du rôle de la potasse et de Mulhouse pour le développement de ces villes

Document 5 : Conditions d'exploitation de la potasse

« Du point de vue sédimentologique, tectonique et minéralogique, ces terrains méritent beaucoup d'intérêt, mais ne sont accessibles que par une visite de mine très éprouvante (1/2 journée). On visite aussi les usines de traitement de minerai. S'adresser à M. le directeur général des Mines de potasse d'Alsace, 11, avenue d'Altkirch, 68055 Mulhouse Cedex.

Vingt-trois puits répartis entre cinq sièges permettent l'exploitation entre 460 et 1 000 m de profondeur où la température atteint de 30 à 50° (gradient géothermique : 40-50°/km). La couche supérieure de potasse (2 m), très pure, subit un havage intégral ; la couche inférieure (5 m) est exploitée par la méthode de "chambres et pilliers". On produit ainsi 12 millions de tonnes de sels par an, dont 1 900 000 t de K2O. Le sel gemme est en grande partie rejeté dans le Rhin. La potasse sous de multiples formes (chlorure, sulfate, scories phospho-potassiques) est pratiquement réservée à l'engrais agricole. D'autres sous-produits (brome, carbonate, bicarbonate de potassium) alimentent l'industrie chimique et celle du verre. »

Source : Extrait de Von Eller *et alii, Guide géologique régional Vosges-Alsace,*
Masson, Paris, 1984, p. 167

a) Il ne fait aucun doute que les conditions géologiques de gisement influent sur l'exploitation. D'après la carte géologique et le *document 5,* la potasse s'est déposée en limite méridionale du graben alsacien, en milieu laguno-lacustre. Les puits pour lesquels la profondeur du mur de la couche inférieure de potasse est la

Document 5. Conditions d'exploitation de la potasse.

Source : VON ELLER *et alii, Guide géologique régional Vosges-Alsace*, Masson Paris, 1984, p. 166 et 167.

Les accidents de direction varisque et ceux de direction rhénane se conjuguent. Noter l'orientation NO-SE des cours d'eau du Sundgau, en rapport avec l'ancien exutoire de l'Aar-Rhin vers le SO (fossés de la Saône et du Rhône). Remarquer l'actuelle ligne de partage des eaux de mer du Nord - Méditerranée (d'après Sittler, 1972 ; modifié).
I. Extension de la couche inférieure de potasse. II. Extension de la couche supérieure de potasse.

plus grande ont été abandonnés en premier. La carte géologique révèle que ce mur se trouve entre – 900 et – 1 000 m à Ensisheim, entre – 500 et – 600 m à Ungersheim. Le critère de profondeur n'est pas unique : l'exploitation existe lorsque les conditions de gisement optimales pour les deux couches de potasse sont réalisées. Le *document 5* délimite l'aire en question.

b) Le déclin de l'exploitation est partiellement lié au problème du sel gemme avec lequel se trouve associée la potasse. L'élimination des eaux saumâtres par l'égout des mines de potasse que mentionnent les cartes est contrariée par l'opposition des écologistes et des pays riverains, tandis que la récupération ne présente aucun intérêt économique. À ce problème s'ajoute celui de la surproduction d'engrais qu'évoque le *document 6*.

Document 6 : L'évolution du pays de la potasse

« Après avoir décrit un "cadre accueillant où règne la joie de vivre", l'auteur présente le gisement, puis les pionniers et les personnages qui ont forgé ce pays bien particulier. Tout un milieu (une communauté de mineurs) s'est surimposé à une région rurale et, vis-à-vis de la société rurale très traditionaliste, a constitué un "monde à part".

Dans l'exploitation du gisement potassique, le transport a toujours joué un rôle clé. L'évacuation de la potasse se fait par le rail et par le Rhin. Mais l'exploitation a été soumise aux fluctuations des marchés et des rapports franco-allemands. Le déclin de la commercialisation a amené une reconversion et un redéploiement des Mines domaniales de potasse, ainsi qu'une diversification des activités. Une étude très passionnante est faite ensuite sur les apports des mines de potasse à l'Alsace. Le rôle social et culturel est unique en son genre en Alsace, tant par la qualité des cités construites, intégrant le cadre physique par des maisons individuelles entourées de coquets jardinets, que par leur centre socio-éducatifs, leurs écoles et leurs associations, dans le cadre d'une société multiculturelle (après l'arrivée massive de Polonais et d'Italiens). La seconde génération d'immigrés créa elle-même de petites et moyennes entreprises qui s'établirent dans le Bassin ou la région urbaine de Mulhouse. »

Source : Dezert B., « Le pays de la potasse, des lieux et des hommes »,
comptes rendus des *Annales de géographie*, 99, p. 729

c) L'absence de centre-ville comme de déclin démographique en dépit de la baisse d'exploitation révèle la présence de Mulhouse.

– Les différences sociales *(doc. 6)* expliquent en grande partie l'opposition morphologique entre les cités et les villages, mais la proximité du centre mulhousien n'encourage guère le renforcement des services et des centres.

– Le bassin potassique dépend de la ville par le maintien d'une direction des Mines de potasse d'Alsace, que mentionne le *document 5*.

– En dépit des friches industrielles et de terrils, la présence de la forêt, les cités-jardins proches des lotissements actuels, l'utilisation probable des affaissements miniers pour le développement des loisirs lacustres (968-2319) correspondent à l'évolution actuelle des mentalités urbaines. Le *document 6* tend à le prouver, tout comme l'écomusée d'Ungersheim (970-2328). La migration d'une partie de la population mulhousienne vers le bassin potassique n'est pas à exclure.

d) Dans ce cadre général, l'influence directe de Mulhouse doit se réduire :

– La comparaison des cartes de 1975 et de 1984 fait apparaître des zones industrielles nouvelles, à Ungersheim (972-2331) et à Pulversheim (972-2327), par exemple. Elles correspondent pour partie aux volontés de développement local que mentionne le *document 6*. Cela souligne une plus grande autonomie du bassin par rapport à la ville.

– Le *document 6* rappelle indirectement que les grandes décisions qui conditionnent le devenir de l'extraction ne dépendent pas du pouvoir mulhousien : le siège réel du pouvoir économique se trouve à Paris, par le caractère domanial de l'exploitation comme par les effets des nationalisations ou des privatisations.

Par conséquent, la domination de Mulhouse sur le bassin potassique, réelle en 1850 *(doc. 7)*, tend à s'estomper pour devenir une influence urbaine plus classique. L'évacuation de la potasse par le rail et le Rhin souligne le rôle surtout transitoire de Mulhouse tout comme le développement industriel des communes rhénanes.

2.2. Villes et villages marqués par l'industrie rhénane

Chalampé, Ottmarsheim et Hombourg ont créé des zones industrielles le long du grand canal d'Alsace, surtout entre Chalampé et Ottmarsheim où sont implantées deux usines chimiques. En comparant les cartes de 1975 et de 1986, on observe le développement limité des zones industrielles, surtout à Hombourg, alors que les chiffres de population croissent. Il convient d'exposer les raisons du développement industriel, du décalage entre la croissance industrielle et démographique des communes.

A — La localisation des industries tient à de multiples facteurs :

a) Soulignons ce qui apparaît immédiatement sur la carte, à savoir le port rhénan de Mulhouse-Ottmarsheim. Son nom révèle l'influence de l'agglomération, elle-même marquée par l'industrie chimique *(doc. 8)*, tout comme la voie ferrée, puis l'autoroute. Toutefois, les tracés du canal du Rhône au Rhin, que ce soit l'ancien ou le récent, ne desservent pas ce port fluvial, et la liaison ferroviaire reste à voie unique. La localisation tient plus au Rhin lui-même qu'à Mulhouse : pensons à la présence de Bâle au sud, métropole internationale de la chimie, à l'importance des marchés allemand et néerlandais à l'aval. Là encore, l'extension limitée du port rhénan entre 1975 et 1986 impose la prudence quant à l'importance locale du trafic, dont ne saurait préjuger la réalisation des écluses d'Ottmarsheim, indispensables au fonctionnement portuaire de Bâle.

b) La localisation des industries tient à des facteurs locaux : l'usine hydroélectrique basse chute d'Ottmarsheim se trouve reliée aux usines chimiques. Par ailleurs, la carte géologique reporte douze forages autour de l'usine de Chalampé : la présence de nappes phréatiques alimentées par le Rhin et ses affluents facilite l'alimentation en eau indispensable au refroidissement.

Document 7. La région Mulhousienne.

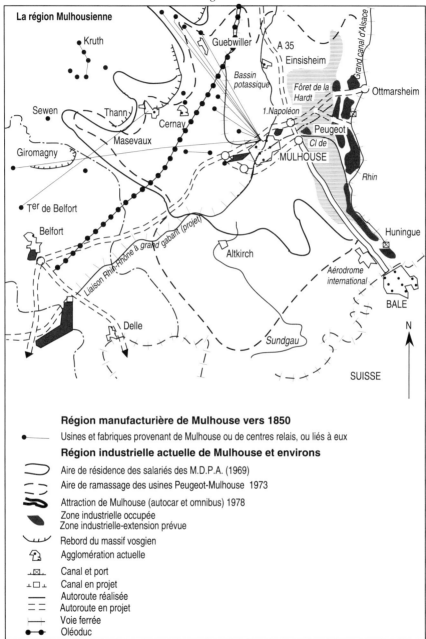

La région Mulhousienne

Kruth

Guebwiller

A 35

Einsisheim

Bassin potassique

Fôret de la Hardt

Ottmarsheim

Sewen

Thann

Cernay

1.Napoléon

Peugeot

Masevaux

CI de

MULHOUSE

Giromagny

Rhin

Tᵉʳ de Belfort

Belfort

Huningue

Altkirch

Liaison Rhin-Rhône à grand gabarit (projet)

Aérodrome international

BALE

N

Delle

Sundgau

SUISSE

Région manufacturière de Mulhouse vers 1850

Usines et fabriques provenant de Mulhouse ou de centres relais, ou liés à eux

Région industrielle actuelle de Mulhouse et environs

Aire de résidence des salariés des M.D.P.A. (1969)

Aire de ramassage des usines Peugeot-Mulhouse 1973

Attraction de Mulhouse (autocar et omnibus) 1978

Zone industrielle occupée
Zone industrielle-extension prévue

Rebord du massif vosgien

Agglomération actuelle

Canal et port

Canal en projet

Autoroute réalisée

Autoroute en projet

Voie ferrée

Oléoduc

Source : BEAUJEU-GARNIER J., *La France des villes, Nord et Nord-Est*, la Documentation française, Paris, 1980, p. 131.

B — Quant au décalage entre la croissance démographique et la croissance industrielle, il ne saurait être imputé à la seule présence de Mulhouse. Ces communes frontalières sont reliées sans péage et rapidement à Bâle ou à Fribourg grâce à l'autoroute HAFRABA, ce qui facilite les migrations des frontaliers. On constate sur le *document 7* que l'aire de ramassage de Peugeot-Mulhouse n'atteint pas Chalampé, et qu'elle est beaucoup plus étroite à l'est qu'à l'ouest de l'usine.

Document 8 : Influence mulhousienne et industrie chimique

« Mars 1986 : la commune de Kingersheim (Haut-Rhin) découvre que son eau "potable" a pris une couleur jaune et sent la chimie à plein nez. Elle porte plainte contre X... et demande au distributeur d'eau local, la Société de gestion de services publics et privés de l'Est (Sogest), filiale de la Lyonnaise des eaux, de lui faire un branchement de secours. [...] La Sogest appelle sa maison mère, la Lyonnaise, qui procède aussitôt à des examens de l'eau imbuvable : on y découvre du chloronitrobenzène. Renseignement pris, ce genre de produit ne peut venir que de deux sites industriels de Mulhouse : la Société de produits chimiques et matières colorantes de Mulhouse (S.P.C.M.), filiale de Péchiney, qui a fermé en 1981 ; et l'usine Industrie chimique Mulhouse-Dornach (I.C.M.D.), filiale de Rhône-Poulenc, qui emploie aujourd'hui trois cent soixante personnes à la nitration du chlorobenzène et autres produits utilisés dans l'industrie des colorants et des produits phytosanitaires. »

Source : Journal *Le Monde*, 8-9 mai 1988, p. 10.

2.3. L'influence mulhousienne limitée sur les autres villes et villages

La localisation des villages selon des axes nord-sud en plaine d'Alsace comme le paysage d'openfield remembré ne doivent rien à Mulhouse. La carte à 1/25 000 indique par la courbe intermédiaire 213,75 m l'importance de la microtopographie pour la localisation initiale de l'habitat sur les terrasses du Rhin comme pour l'individualisation des terroirs. La toponymie le rappelle : à Rumersheim, les noms de quartiers distinguent le « haut champ rhénan » *(oberes Rheinfeld)* du « bas champ rhénan » *(niederes Rheinfeld)*. La carte géologique individualise l'extension des limons sableux sur la basse terrasse, ce qui a pu favoriser les défrichements, encore que les dangers des crues les rendent tardifs. La carte géologique ne mentionne aucun site néolithique, contrairement au Sundgau.

En revanche, villes et villages apparaissent inégalement touchés par la présence de Mulhouse. L'ancien village fortifié (Ringdorf) d'Habsheim a connu une croissance préférentielle vers le nord et la gare sur la carte de 1975, plus équilibrée par l'apparition d'une zone industrielle au sud-est sur le document de 1986. Il en va de même avec la zone artisanale d'Heimsbrunn (967-2314). L'on retrouve l'affaiblissement de l'attraction mulhousienne qu'évoque le *document 9*. Il en va de même pour les maisons de rurbains qui se multiplient le long des routes en direction de Mulhouse, mais aussi des villes allemandes et de leurs emplois, comme à Bantzenheim (987-2327). La localisation du golf de Chalampé traduit les mêmes ambiguïtés (990-2330).

Document 9 : Investissement international et développement local alsacien

> « En dix ans, plus de onze mille emplois ont été créés en Alsace par des investisseurs étrangers : Allemands, Américains, Japonais et Britanniques. Les implantations venues d'outre-Rhin en ont représenté exactement la moitié, selon les calculs de la D.A.T.A.R. publiés en avril dernier.
>
> En Alsace, ces implantations allemandes et suisses ont été accueillies comme pain béni. Elles donnent un développement inespéré aux zones industrielles de communes parfois modestes et créent des emplois correctement rémunérés, même si les salaires n'y sont pas ceux des maisons mères à Stuttgart ou à Bâle... En revanche, les collectivités locales sont quasiment désarmées quand s'amorce un redéploiement ou une fermeture. Les centres de décisions industriels ou bancaires échappent aux régions autant que la maîtrise de l'emploi transfrontalier. »

Source : Journal *Le Monde*, 1992, « Sauts de puce industriels :
les Allemands et les Suisses s'installent en Alsace ».

Conclusion

Cette carte illustre l'influence urbaine de Mulhouse et son évolution parallèle à celle de la ville elle-même.

1. L'industrie marque fortement la ville comme sa zone d'influence, mais son renouvellement révèle l'affaiblissement des pouvoirs de décision locaux, du rayonnement urbain. Les grands établissements mulhousiens dépendent de groupes internationaux, comme Péchiney, Peugeot, Rhône-Poulenc. Les petites et moyennes entreprises qui appartiennent à la zone de peuplement industriel et urbain de Mulhouse correspondent souvent à des délocalisations de sociétés allemandes ou suisses, dont les décisions échappent au contrôle des pouvoirs politiques et économiques locaux *(doc. 9)*. En dépit de la tour de l'Europe, qui affirme la volonté de développer le tertiaire directionnel, l'organisation régionale par les entrepreneurs textiles mulhousiens semble appartenir au passé.

2. La mise en valeur autoroutière tardive du carrefour mulhousien souligne sans doute l'importance de la situation marginale et originale de la ville dans l'espace français. Ces lenteurs de développement, alors que les voies ferrées locales comptaient parmi les premières en France, sont aussi illustrées par le problème non encore résolu du gabarit du canal Rhin-Rhône. On peut y voir, à titre d'hypothèse, les effets d'une perception gallocentrique des frontières et des échanges comme du développement régional, qui ne se sont pas exercés sur la métropole helvétique et rivale du sud.

Carte d'Antony
et Évry Corbeil-Essonnes

Document à consulter :

Carte à 1/25 000 d'Antony et Évry Corbeil-Essonnes.

Documents présentés :

Document 1 : Coupe géologique à partir de la carte géologique au 1/50 000 de Corbeil n° 219.

Document 2 : « Les grandes lignes de force du projet régional d'aménagement de l'Île-de-France », *Les cahiers de l'I.A.U.R.I.F.*, supplément au n° 91, oct. 1983.

Documents 3 et 4 : Thèse de BASTIÉ J., *La Croissance de la banlieue parisienne*, Paris, P.U.F., 1964.

Document 5 : GLOBET F., « Les non-imposés en 1983 », *Configurations spatiales de données fiscales en région parisienne*, startes 2, Mélanges, Centre national de la Recherche Scientifique, Université de Paris I, 1987.

Document 6 : « Les établissements scientifiques autour du plateau de Saclay et de la zone d'activité de Courtabœuf », C.R.E.P.I.F. n° 24, 1988.

Document 7 : Photographie aérienne n° 957, 1981 du secteur d'Évry.

Document 8 : « Essonne 91 », la charte de l'Île-de-France, 1992.

Document 9 : Croquis principal.

Les deux cartes à 1/25 000 d'Antony et Évry Corbeil-Essonnes, correspondant à la carte à 1/50 000 de Corbeil-Essonnes, présentent une partie de la banlieue sud de Paris. Administrativement, elles représentent la moitié nord du département de l'Essonne. La proximité de Paris constitue le cœur thématique de l'explication de carte : le *document 1* montre les grandes lignes de force du projet régional d'aménagement. Le secteur d'étude est totalement intégré dans l'axe de développement sud. Trois caractéristiques découlent de cette situation :

Document 1. Profil topographique et coupe géologique schématique Corbeil-Essonnes.

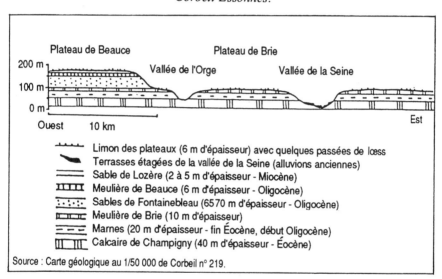

Source : Carte géologique au 1/50 000 de Corbeil n° 219.

– C'est une *banlieue en rapide extension.* Elle s'étend au détriment d'un espace rural préexistant : paysages de grandes cultures (openfield), paysages de cultures maraîchères, forêts, châteaux avec parcs. Elle s'étend sur une topographie simple : le plateau de Beauce, à l'ouest, limité par un coteau, le plateau de Brie, à l'est, dans lequel s'incise la vallée de la Seine.

– Cette *banlieue est au service de la capitale,* aussi doit-on mettre en évidence les relations visibles sur la carte entre la capitale et sa banlieue : voies de communication générant un développement particulier, rejet vers la banlieue de fonctions consommatrices d'espace. Cette dépendance entre la banlieue et la capitale génère une logique de développement éclaté.

– Une *volonté de restructuration de cette banlieue* se fait jour sous la forme, entre autres, d'une ville nouvelle.

Le plan du commentaire et celui du croquis doivent donc s'organiser autour de ces trois caractéristiques.

Document 2. Les grandes lignes de force du projet régional d'aménagement.

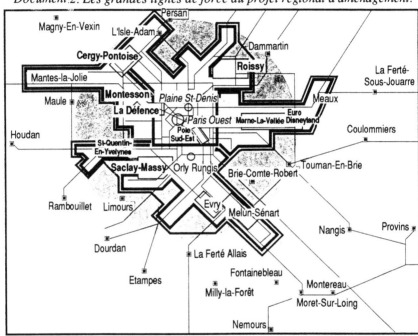

Source : *Les cahiers de l'I.A.U.R.I.F.,* supplément au n° 91, octobre 1983.

Document 3.

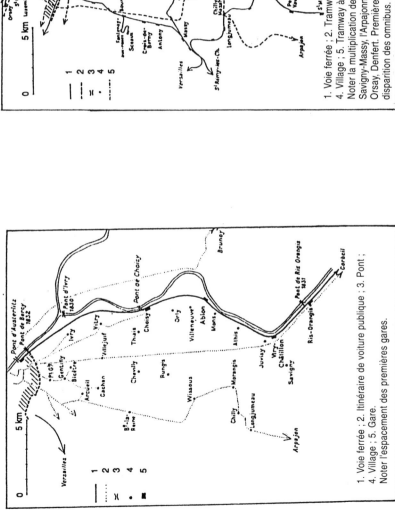

Les transports en commun en 1902.

1. Voie ferrée ; 2. Tramway mécanique ; 3. Pont ;
4. Village ; 5. Tramway à chevaux.
Noter la multiplication des voies ferrées : Grande ceinture,
Savigny-Massy, l'Arpajonnais et les prolongements dans Paris :
Orsay, Denfert. Première rocade de tramways en banlieue,
disparition des omnibus.

Source : BASTIE J., *La croissance de la banlieue parisienne*, Paris, P.U.F., 1964.

Les transports en commun en 1841.

1. Voie ferrée ; 2. Itinéraire de voiture publique ; 3. Pont ;
4. Village ; 5. Gare.
Noter l'espacement des premières gares.

1.   Une banlieue en rapide extension

Cette première partie du commentaire doit d'abord faire ressortir les étapes de l'extension dans un cadre physique simple. Elle doit ensuite souligner la morphologie urbaine qui en découle, où subsiste l'empreinte des paysages divers préexistants.

1.1. Les étapes de l'extension marquées par la topographie

Le *document 2* présente une coupe géologique simplifiée ouest-est. Les couches sédimentaires du centre du Bassin parisien sont quasi horizontales. Elles sont localement affectées d'ondulations anticlinales. L'alternance de couches dures et de couches tendres explique la disposition topographique. À l'ouest, le plateau de Beauce, à une altitude de 150-160 m, est sous-tendu par une formation géologique spécifique : la meulière de Beauce. Au centre et à l'est, le plateau de Brie, à une altitude de 80-100 m, est sous-tendu par la meulière de Brie. Séparant les deux plateaux : un coteau taillé dans les sables d'une soixantaine de mètres de dénivelé et regardant vers l'est. La vallée de la Seine s'incise d'une cinquantaine de mètres dans le plateau de Brie. Elle dessine des méandres encaissés guidés par les ondulations anticlinales. Ses versants sont dissymétriques. Son fond est plat et humide (notez les sablières remplies d'eau). Des replats se remarquent parce qu'ils fixent les établissements humains au-dessus de l'actuel lit majeur. Ils sont particulièrement développés dans les méandres (Corbeil-Essonnes, par exemple, perché à une vingtaine de mètres au-dessus du lit majeur actuel) : il s'agit de terrasses étagées. La Seine est alimentée par des rivières de rive gauche s'incisant aussi dans le plateau de Brie et découpant le coteau : l'Yvette, la Bièvre et l'Orge sont les plus importantes.

– La vallée de la Seine a, la première, guidé l'extension de l'urbanisation. Le *document 3* montre l'établissement des villages primitifs et les premiers axes de communication. Notez la succession de villages le long de la vallée de la Seine et la première voie ferrée. Les villages se localisent sur les versants.

– L'extension urbaine gagne ensuite progressivement le plateau de Brie et, actuellement, le plateau de Beauce. Le semis de village est moins important sur le plateau de Brie. En revanche, sur le coteau, on remarque un nouvel alignement de villages primitifs. Le développement des voies de communication souligne ce second alignement. Notez, entre 1841 et 1902, la disparition de l'itinéraire de voiture publique empruntant le plateau de Brie à équidistance du coteau et de la vallée de la Seine au bénéfice du renforcement des communications par les voies ferrées le long de la vallée de la Seine et du coteau.

La topographie guide discrètement l'extension de la banlieue. Le développement massif actuel tend à s'affranchir en partie des contraintes topographiques tout en les valorisant : notez la disposition des axes de circulation autoroutiers ou ferroviaires se moulant sur la topographie ; notez la valorisation du coteau ou des versants des vallées proposant des expositions favorisant des implantations humaines.

1.2. Une morphologie urbaine différenciée où subsiste l'empreinte des paysages préexistants

A — Une morphologie différenciée

On peut distinguer classiquement les secteurs à habitats pavillonnaires des secteurs à habitats collectifs :

a) La carte présente les grands types d'habitats pavillonnaires :

– Le pavillonnaire anarchique que l'on trouve, par exemple, le long de la vallée de l'Yvette ou de la vallée de l'Yerres. C'est le plus ancien : il se localise le long des versants des vallées ou le long du coteau.

– Le pavillonnaire fortement structuré avec des variantes géométriques corrélées avec la densité du bâti : tracés courbes des rues à faible densité que l'on trouve à Saint-Germain-lès-Corbeil ou à Soisy-sur-Seine, par exemple ; tracés rectilignes à plus forte densité que l'on trouve à Sainte-Geneviève-des-Bois ; tracés rectilignes à très forte densité que l'on trouve à Savigny-sur-Orge.

b) La carte présente deux grands types de quartiers à habitat collectif :

– Les îlots collectifs homogènes : exemple de Massy, Vigneux-sur-Seine, Ris-Orangis avec des variantes dans la taille des bâtiments, dans leur forme et dans leur organisation : organisation rectiligne des bâtiments et du tracé des axes routiers à Massy ; organisation curviligne des bâtiments et des axes routiers à Grigny, par exemple.

– Les îlots à mélange de collectifs et de pavillonnaires : exemple de Thiais.

B — Où subsiste l'empreinte des paysages préexistants

a) Empreinte directe :

On observe une empreinte directe lorsque le paysage préexistant persiste dans le tissu urbain sous la forme de « kystes ». Trois types peuvent s'observer :

– Le noyau villageois : prenez les exemples de Villejust (est de la Z. A. de Courtaboeuf) : un village beauceron typique, puis Nozay (sud de Villejust), un village beauceron en voie d'intégration dans le tissu de la banlieue, et enfin La Ville-en-Bois (est de Nozay), village du coteau enkysté dans le tissu de la banlieue : cette séquence permet de visualiser le processus d'enkystage d'un village dans l'extension de la banlieue.

– La ferme : exemple de la ferme de Champagne ou de la ferme de Contin (sud de l'aéroport d'Orly). On reconnaît la forme de la ferme avec ses ailes encadrant une cour centrale, typique des fermes des paysages d'openfield du centre du Bassin parisien.

– Le château, ou un élément de château (bassin du Château-Fraye près de Vigneux-sur-Seine), château de la Fontaine (Brétigny-sur-Orge) entre un îlot d'habitat collectif et la voie ferrée.

b) Empreinte indirecte :

On observe une empreinte indirecte lorsque le paysage préexistant a disparu mais guide encore la morphologie urbaine. Deux types sont nettement visibles :

– Le parcellaire agricole repris par le parcellaire urbain : exemple de Savigny-sur-Orge pour un parcellaire de grande culture céréalière expliquant la géométrie du pavillonnaire ; exemple de la vallée de l'Yvette pour un micro-parcellaire de tenures maraîchères expliquant l'aspect anarchique de la disposition des pavillons.

– Les allées forestières d'un parc de château (Le Contin, au sud de l'aéroport d'Orly ; La Faisanderie à l'est de l'aéroport d'Orly) ou d'une forêt – l'exemple de Sainte-Geneviève-des-Bois est souligné par le *document 4* qui visualise la continuité des structures de circulation : les rues desservant les quartiers pavillonnaires reprennent les allées forestières.

2.   Une banlieue au service de Paris

2.1. *De la banlieue résidentielle à Paris : les radiales*

Les voies de communication vers la capitale sont qualifiées de « radiales ». Elles consacrent la dépendance de la banlieue avec Paris.

A — Les voies ferrées

Les voies ferrées reliant la banlieue à Paris font de la banlieue une annexe fonctionnelle de la capitale. Le nombre de gares jalonnant la voie détermine la densité du tissu urbain, ce dernier se développant préférentiellement à proximité d'une gare (cf. ligne Paris-Limoges *via* Palaiseau pour une forte densité et la ligne Massy-Savigny-sur-Orge *via* Longjumeau pour une faible densité). Ces lignes tronçonnent le tissu urbain et le cloisonnent lorsque la distance entre les gares est grande (ligne T.G.V. Paris-Lyon-Marseille, par exemple ; lignes convergeant vers le pôle ferroviaire de Massy et permettant d'éviter la capitale : ligne Nantes-Lyon *via* Massy en T.G.V., par exemple).

B — Les routes et autoroutes

Les routes vers la capitale focalisent un développement linéaire de la banlieue : le long des nationales 7 ou 20, par exemple, le tissu urbain s'étire en s'égrennant. Les autoroutes, en revanche, génèrent une évolution double du tissu urbain : elles focalisent d'abord un développement urbain et industriel ponctuel au niveau des échangeurs (exemple de la Z.A. de Courtabœuf à Orsay-les-Ulis). Ensuite, entre les échangeurs, l'autoroute est un facteur de cloisonnement de la banlieue. Le nombre de passerelles dessus ou dessous son trajet détermine les relations entre les quartiers de part et d'autre de l'autoroute – la densité des passerelles est élevée sur l'autoroute A6 au niveau d'Évry : les quartiers résidentiels sont à l'est et les quartiers administratifs, commerciaux et industriels, sont à l'ouest.

2.2. *Le rejet vers la banlieue des fonctions consommatrices d'espace*

Ces fonctions, en raison de la consommation d'espace qu'elles exigent, sont systématiquement rejetées vers la banlieue où l'espace est plus facilement disponible et moins cher.

Document 4. Le tracé des rues de Sainte-Geneviève-des-Bois et les anciennes allées forestières.

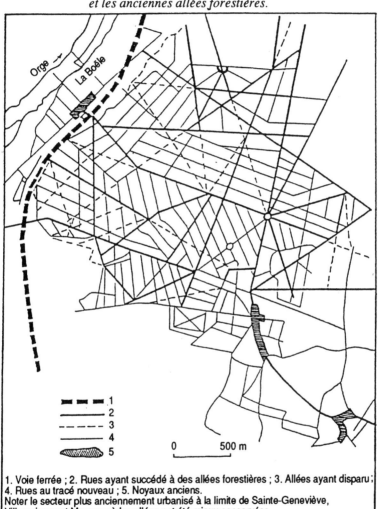

1. Voie ferrée ; 2. Rues ayant succédé à des allées forestières ; 3. Allées ayant disparu ;
4. Rues au tracé nouveau ; 5. Noyaux anciens.
Noter le secteur plus anciennement urbanisé à la limite de Sainte-Geneviève,
Villemoisson et Morang où les allées ont été mieux conservées.

Source : BASTIE J., *La croissance de la banlieue parisienne*, Paris, P.U.F., 1964.

Document 5. Les non-imposés 1983.

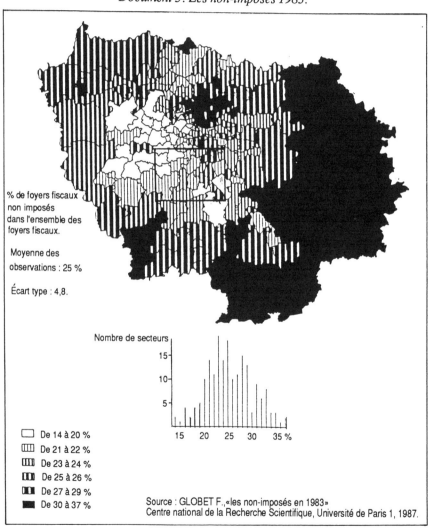

% de foyers fiscaux
non imposés
dans l'ensemble des
foyers fiscaux.

Moyenne des
observations : 25 %

Écart type : 4,8.

Nombre de secteurs

De 14 à 20 %
De 21 à 22 %
De 23 à 24 %
De 25 à 26 %
De 27 à 29 %
De 30 à 37 %

Source : GLOBET F.,«les non-imposés en 1983»
Centre national de la Recherche Scientifique, Université de Paris 1, 1987.

L'aéroport de Paris-Orly sur le plateau de Brie focalise une industrialisation intense.

Les zones industrielles diverses le long de la vallée de la Seine.

Le centre pénitentiaire de Fleury-Mérogis.

Le marché d'intérêt national de Paris-Rungis.

Le cimetière parisien de Thiais.

La gare de triage de Villeneuve-Saint-Georges.

Les espaces récréatifs des Parisiens : forêt de Senard, de Verrières.

Document 6. Les établissements scientifiques autour du plateau de Saclay et de la zone d'activité de Courtabœuf

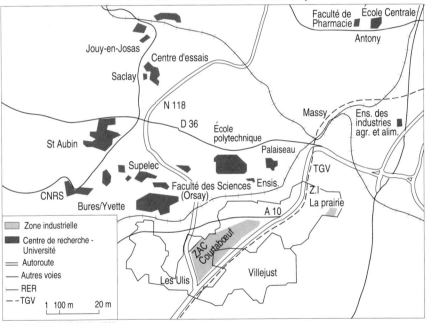

Source : C.R.E.P.I.F, N° 24, 1988

Document 7 : Photographie aérienne du secteur d'Évry (1981)

F 81   200 3286

Document 8 : « Essonnes 91 », la charte de l'Île de France

3 GRANDS OBJECTIFS

• Mettre en valeur les potentialités économiques de l'Essonne pour restaurer un équilibre habitat/emploi :
- par une meilleure répartition géographique ;
- par une croissance urbaine maîtrisée, conciliant un développement économique et social et la préservation du patrimoine et de l'environnement;

• Favoriser la mise en place de l'axe structurant essonnien EVRY/MASSY/SACLAY, un des maillons de l'Axe Sud régional, lieu de concentration de fonctions prestigieuses :
- pôle urbain d'EVRY, préfecture du Département, à vocation régionale,
- pôle tertiaire et culturel de MASSY, sur le réseau européen des TGV,
- technopole de SACLAY, associant enseignement de haut niveau, recherche et activités de pointe ;

• Associer au développement les villes moyennes et bourgs de la partie Sud, par la mise en valeur de leur potentiel humain, économique, urbain et agricole, dans le cadre d'une coopération solidaire et volontaire.

QUATRE LIGNES D'ACTION

• Diversification de l'emploi en s'appuyant sur les pôles économiques majeurs :
- Agglomération d'EVRY : son taux d'emploi élevé, la concentration de grands équipements administratifs, culturels, commerciaux et d'enseignement supérieur, en font un pôle régional particulièrement dynamique.
Ce dynamisme pourra être étendu aux secteurs proches du Sud/Sud-Ouest en direction de Brétigny, Saint-Vrain et Mennecy, où existent des potentialités d'accueil. Des lieux d'ha-

bitat de qualité, enrichis par l'implantation d'un équipement universitaire pourraient y être créés parallèlement.

- Pôle de MASSY-SACLAY :
Avec l'ouverture de la gare TGV, le développement du pôle de Massy s'accentuera. A terme, il deviendra un centre tertiaire important.
Le syndicat intercommunal du Plateau de Saclay a défini clairement la vocation de ce plateau :
- maintien de 2 000 hectares agricoles, création d'un pôle technologique original, de niveau européen, associant étudiants, chercheurs, enseignants, techniciens, cadres d'entreprises.

• Renforcement de l'armature urbaine :
- en assurant le développement des villes moyennes : Etampes, Dourdan, Arpajon, Longjumeau, Draveil grâce à des liaisons plus faciles avec les grands pôles du département ;
- en privilégiant le développement des petites villes et des bourgs : Milly-la-Forêt, La Ferté Alais, Limours.... points d'appui du développement des pays ruraux, leur permettant d'atteindre un niveau d'équipements et de services satisfaisant.

• Amélioration des échanges :
- Réseau routier
. les radiales : 5 grandes radiales traversent le département : A6/RN6/N7/N20/A10. Il ne s'agit pas de créer une nouvelle radiale. Cependant la saturation de la N20 entre Longjumeau et la Francilienne et les nuisances qu'elle entraîne pour les riverains, nécessite de soulager ce tronçon par la création d'une nouvelle voie, à l'Est. Une rocade d'ICARE (B18) double la RN18.
. les transversales : le rôle de la Francilienne est déterminant. Elle constitue, en effet, une liaison en arc de cercle de Melun à St Quentin-en-

Yvelines en desservant Evry, Massy et le Plateau de Saclay. Elle permettra d'ouvrir Massy vers l'Est du département.

- Réseau ferroviaire
. les radiales : c'est essentiellement la ligne D du RER (Juvisy-Evry) ;
. les transversales : la réalisation du maillon du projet LUTECE reliant Longjumeau à Grigny permettra d'assurer une liaison continue entre Melun et St Quentin-en-Yvelines via Massy ;
. liaison par câble : l'amélioration des communications entre les divers pôles technologiques est un enjeu départemental important.

• Mise en oeuvre du PLAN-VERT régional, indissociable d'un développement urbain harmonieux :
. en y associant la politique départementale des espaces naturels sensibles ;
. en assurant la protection et la gestion des massifs forestiers et de leurs franges ;
. en préservant les grands plateaux agricoles de Nozay et de Limours.

L'agriculture est en effet une composante importante de l'économie du département. Il faut assurer sa pérennité et mettre en oeuvre une politique d'accompagnement appuyée sur un centre de recherche fondamental spécialisé en biotechnologie végétale et sur l'institut de Sciences et Technique du Vivant.
. en gérant l'eau et les ressources du sous-sol.
Parallèlement, la mise en valeur du patrimoine bâti et naturel du département favorisera le développement du tourisme. Il s'agira notamment :
. de créer des circuits touristiques permettant la découverte des principales richesses naturelles et architecturales ;
. d'affirmer la vocation culturelle du Château de Chamarande.

3.   De la banlieue éclatée vers la banlieue restructurée

3.1. Une banlieue aisée aux fonctions éclatées

La banlieue sud est une banlieue relativement aisée. Le *document 5* permet de la comparer aux autres banlieues (le carré correspond aux deux cartes d'Antony et d'Évry Corbeil-Essonnes). On notera la relation entre la vallée de la Seine, lieu de la plus ancienne urbanisation, et l'importance des non-imposés en 1983, ainsi que la diminution des non-imposés vers le plateau de Beauce, secteur d'extension urbaine actuelle. Toutefois, comme pour les autres banlieues, il apparaît un éclatement des espaces de résidences, de travail et de loisir. Cette impression est renforcée par la partition des espaces urbains par les axes de communication. Les fonctions de la banlieue sud se répartissent entre fonctions classiques et fonctions originales.

– Les *fonctions classiques*. La banlieue est au service de Paris : sa fonction première est la fonction résidentielle. Banlieue-dortoir, la densité des radiales vers Paris pose le problème classique des migrations pendulaires. Toutes les autres fonctions classiques des banlieues se retrouvent ici : fonction industrielle, particulièrement le long des ports de la vallée de la Seine pour les plus anciennes (exemple : usines de Corbeil-Essonnes), ou fixées au niveau d'échangeurs autoroutiers pour les plus récentes (exemple : zone industrielle de Saint-Guénault) ; fonctions maraîchères (parcellaire laniéré de la commune de Thiais, par exemple).

– Des *fonctions spécifiques* à la banlieue sud apparaissent sur la carte : c'est la « Silicone Valley » *(doc. 6)* – cette ceinture de haute technologie autour des pôles de Saclay (nucléaire – C.E.A.), l'université d'Orsay, le C.N.R.S. à Gif-sur-Yvette, l'École polytechnique de Palaiseau pour la formation et la recherche, la zone d'activité de Courtabœuf pour l'industrie de haute technologie.

3.2. Une volonté de restructuration

a) Cette volonté de redonner une cohérence à la banlieue s'exprime par la présence de la ville nouvelle d'Évry. On peut observer la volonté de réunir de façon cohérente espace de travail, de loisir et de résidence en juxtaposant ces espaces (comparer le *doc. 7* à la carte) : sur le versant de la vallée de la Seine, les espaces verts (parc du petit bourg, centre de loisir) ; entre le versant et la N7, les espaces résidentiels ; entre la N7 et l'autoroute A6, les administrations diverses (palais de justice, préfecture) et le centre commercial ; au-delà de l'autoroute A6 : la zone industrielle. Des facilités de circulation sont aménagées : voir, par exemple, les passerelles par-dessus ou par-dessous l'autoroute A6 pour relier ces espaces complémentaires, déjà signalées.

b) Cette volonté s'exprime aussi par le désir de promouvoir à nouveau un projet technopolitain (le premier projet échoua en 1976) à l'échelle de la banlieue sud *(doc. 8)*. Cette volonté se manifeste, sur la carte, par l'essor des voies de communication « transversales » qui rompent avec la logique des radiales : c'est le cas de la voie rapide la Francilienne reliant Évry au pôle technologique et, plus loin, Saint-Quentin-en-Yvelines vers l'ouest et, vers l'est, Melun-Sénart. C'est encore le cas du projet en cours de réalisation de « Lutèce » (Liaison à Utilisation Tangentielle En Couronne Extérieure).

Conclusion

Les deux cartes d'Antony et d'Évry Corbeil-Essonnes doivent être traitées avec le souci de souligner les interactions avec la capitale. D'un côté, la capitale se fait oppressante et organise la structure de sa banlieue *(logique radiale)*. D'un autre côté, la banlieue veut se forger une cohérence qui tranche avec la précédente logique *(logique transversale)*. Ces deux dynamiques se croisent dans le paysage et doivent être analysées minutieusement. Les sites de la banlieue doivent aussi être analysés avec soin : ils fondent la diversité des implantations humaines – directement (site de vallée, de coteau, du plateau de Brie, du plateau de Beauce) ou moins directement (empreintes des paysages préexistants). Le croquis doit mettre en évidence cette double logique d'organisation de l'espace ainsi que les suggestions du milieu physique qui agit, par l'intermédiaire du milieu rural qu'il génère en partie et suivant les conditions historiques, sur la typologie de la banlieue.

Document 9 : La banlieue sud de Paris : une banlieue en rapide extension, au service de la capitale, en voie de restructuration

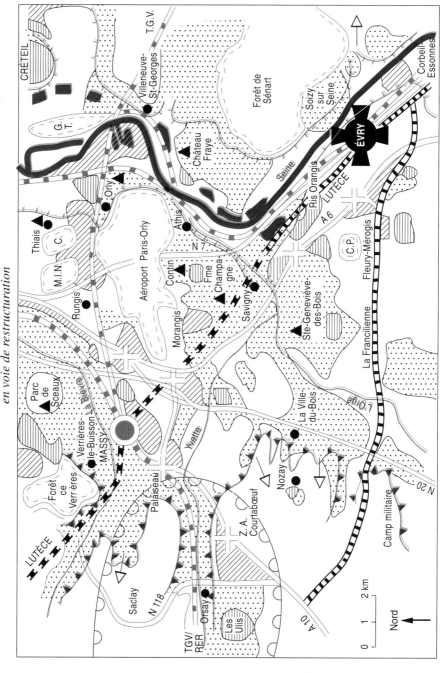

Légende du croquis page ci-contre

1 – Une banlieue en rapide extension
Une topographie peu contraignante qui marque les étapes de l'extension

 Coteau limitant le plateau de Beauce

 Vallée de la Seine incisée dans le plateau de Brie

 La Seine et les plans d'eau de la vallée de la Seine (sablières, darses)

 Rivières

Morphologie urbaine avec empreinte des paysages préexistants

 Habitat pavillonnaire dominant

 Habitat collectif

 Noyaux villageois primitifs enkystés dans la banlieue

 Empreinte nette d'un paysage préexistant (parcellaire de grande culture, allées forestières, château, ferme)

 Espaces verts (grande culture, cultures maraîchères)

 Progression actuelle de la banlieue au détriment des espaces verts

2 – Une banlieue au service de Paris
Voies de communication radiales (banlieue-Paris)

 Principales routes et autoroutes

 Principales voies ferrées

 Échangeurs focalisant un développement industriel important

 Pôles ferroviaires d'importance nationale

Fonctions consommatrices d'espaces rejetées vers la banlieue

 Espaces divers dont : C. cimetière parisien de Thiais ; M.I.N. marché d'intérêt national de Rungis ; C.P. centre pénitentiaire de Fleury-Mérogis

3 – Une banlieue éclatée en voie de restructuration
Fonctions classiques types et fonctions originales

 Zones industrielles

 «Silicone Valley»

Restructuration de la banlieue

 Ville nouvelle d'Évry

 Voies de communication transversales (banlieue-banlieue)

 (Voies en projet)

Cartes de Grenoble-Domène

Documents à consulter :

Cartes topographiques Grenoble à 1/25 000, 3234 est, 1986 et Domène à 1/50 000, 1978 (documents de base).
Carte géologique de Domène à 1/50 000, 1969.
Carte géomorphologique de Grenoble à 1/50 000, 1980.
Carte climatique détaillée Lyon à 1/250 000, 1976.

Documents présentés :

Document 1 : Texte extrait de MARTINEAU H., *Préface à Armance, Stendhal, romans et nouvelles*, Bibliothèque de la Pléiade, 1952, t. I, p. 15.

Document 2 : Carte extraite de : JOLY J., « Grenoble : un espace urbain en mutation », *Rev. Géogr. Alp.,* 72 (1), 1984, p. 70.

Document 3 : Carte extraite de : FRESCHI L., « Croissance pavillonnaire et rétention foncière dans la banlieue grenobloise », *Rev. Geogr. Alp.*, 70 (1-2), 1982, p. 84.

Document 4 : Textes extraits de FRÉMONT A., « Milieu géographique et innovation : le cas grenoblois », *Rev. Geogr. Alp.*, 75 (4), 1987, p. 297, 308, 309.

Document 5 : Croquis principal.

Document 6 : Texte extrait de VIVIAN H., BARRET J. et NICOLLE R., « L'Aménagement de l'Isère : état de la protection de l'agglomération grenobloise contre les crues (1968-1987) », *Rev. Géogr. Alp.,* 75 (3), 1987, p. 247.

Document 7 : Texte extrait du journal *Le Monde*, 2 et 3 août 1987, p. 7.

Document 8 : Coupe géologique extraite de CHARDON *et alii, Notice de la carte géomorphologique Grenoble*, C.N.R.S., 1980, p. 15.

Document 9 : Carte extraite de la carte climatique de la France, Lyon, Ophrys, 1976.

Les deux documents de base sont situés dans le département de l'Isère, rivière dont la vallée – nommée Grésivaudan au nord-est et cluse de Grenoble au nord-ouest – contribue à structurer la carte de Grenoble par la disposition en Y liée à son confluent avec le Drac. L'agglomération grenobloise se développe dans les vallées entourées par trois massifs montagnards : le Vercors, au sud-ouest, la Grande Chartreuse, au nord-ouest, la chaîne de Belledonne, à l'est. Par son découpage, la carte de Domène met en valeur la comparaison entre les deux derniers massifs – leurs différences physiques et de mise en valeur humaine, notamment touristique, aux portes d'une métropole, apparaissent vite – tandis que celle de Grenoble est centrée sur l'agglomération. Un plan général se dégage assez rapidement.

1. L'agglomération grenobloise : le développement inégal d'une ville marquée par le cadre montagnard

2. Les massifs montagnards inégalement touchés par les influences grenobloises

1.   L'agglomération grenobloise

Il convient en premier lieu de la définir. Quelques Grenoblois illustres, tels Bergès, qui a donné son nom à un stade de Lancey (3331-877), ou Barnave, associé à un ensemble d'immeubles de Saint-Égrève (5015-240), permettent d'éviter une extension trop restrictive en indiquant l'attachement des populations locales à la vie culturelle métropolitaine. S'il en était encore besoin, Stendhal confirmerait, par les noms donnés à ses personnages, que, dès le XIXe siècle, et en dépit des lignes acerbes d'Henri Beyle à son égard, la ville exerçait une attraction réelle sur les vallées dont elle commandait les accès *(doc. 1)*. Le découpage statistique de l'I.N.S.E.E. *(doc. 2)* confirme cette approche. Deux faits majeurs se dégagent du cadre urbain ainsi délimité : le développement de l'agglomération en Y est inégal, très récent, avec une préférence pour le sud ; le tissu urbain apparaît vigoureusement marqué par les industries et par la recherche.

Document 1 : Une perception littéraire de l'agglomération grenobloise

« Le livre de Stendhal est surtout plein de souvenirs. Beaucoup de noms de personnages y sont empruntés à ces villages dauphinois que Beyle entendait nommer dans son enfance : Malivert, Claix, Saint-Ismier, Meylan, Voreppe, Seyssins, Risset. »

Source : MARTINEAU H., *Préface à Armance, Stendhal, romans et nouvelles*, Bibliothèque de la Pléiade, 1952, t. I, p. 15.

Document 2. Évolutions démographiques communales 1975-1982.

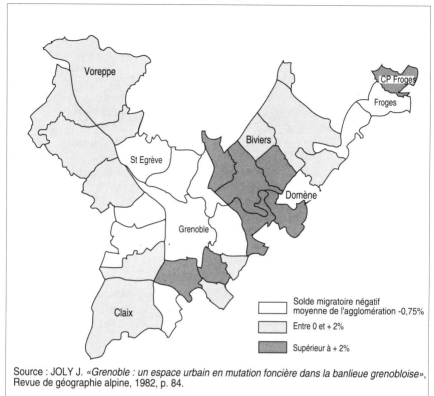

Source : JOLY J. *«Grenoble : un espace urbain en mutation foncière dans la banlieue grenobloise»*, Revue de géographie alpine, 1982, p. 84.

1.1. Les inégalités d'une croissance urbaine récente en Y

A. Une croissance urbaine très récente, prouvée par de multiples indices

a) Le centre ancien sur la rive gauche de l'Isère, marqué par un réseau de rues moins géométrique, le palais de justice et quelques églises, est peu étendu.

b) Une voie ferrée, qui passait au sud de La Bajatière, a été reportée plus au sud, à Eybens, et remplacée par un boulevard.

c) La toponymie ajoute à Grenoble-sud, Villeneuve, aux Maisons-Neuves Les Essarts, Les Granges, Le Haut-Bourg, qui évoquent le souvenir très récent d'espaces agricoles, et qui désignent soit des immeubles, soit des lotissements.

d) La morphologie urbaine fait succéder à un tissu urbain hétérogène, désordonné (La Bajatière, La Capuche), un effort de structuration dont témoignent l'habitat collectif en immeubles barres, ou des lotissements délimités de façon géométrique, comme à La Commanderie sur la commune d'Eybens. Tout cela trahit des opérations d'urbanisme très récentes.

e) Le village olympique, né des Jeux de 1968, se trouve totalement inclus dans le tissu urbain dominé par les immeubles : encore une preuve de la très forte demande en logements liée à la poussée démographique en cette fin des Trente Glorieuses.

B — La croissance urbaine est inégale

a) Ce point est souligné par l'opposition entre le sud-est et le sud-ouest de l'agglomération, où le tissu urbain des îles de Seyssins et des îles de Seyssinet reste peu dense par rapport à celui de Grenoble, sur la rive droite du Drac.

b) Il prévaut aussi pour les deux autres parties du Y, la cluse de Grenoble et le Grésivaudan. Dans ce dernier cas, on remarquera l'opposition des tissus urbains entre la rive droite et la rive gauche de l'Isère. En rive gauche, Domène, Villard-Bonnot, Froges sont plus peuplées avec un tissu urbain plus dense que celui de Montbonnot et Crolles. Le *document 2* confirme une opposition de ces communes, pour ce qui est des soldes migratoires : celles de rive droite attireraient plus les populations de 1975 à 1982. Le *document 3* y ajoute une différenciation sociale.

Cette croissance urbaine très récente, qui aboutit à des tissus urbains inégalement répartis, de morphologie variable, doit être interprétée. C'est ce que permet le recours à d'autres informations, qui tiennent à la domination de l'industrie, de la recherche et à l'exploitation du cadre montagnard.

1.2. Une agglomération marquée par l'industrie, la recherche, le cadre montagnard

A — La vigueur de la croissance urbaine récente paraît imputable à ces trois éléments intimement liés

a) Le tissu urbain grenoblois est ponctué de cités, comme la cité Teisseire (244-5005), la cité Viscose (3322-712), qui traduisent la variété de l'industrie. Si l'énergie électrique est utilisée par les industries chimiques du Pont-de-Claix, associées au stockage d'hydrocarbures, elle provient pour partie de l'aménagement du Drac, à l'amont, au débit torrentiel.

b) L'importance des aménagements hydroélectriques pour le développement industriel grenoblois est matérialisée par l'emprise du laboratoire d'hydraulique (3323-866). Il convient de souligner avec force la synergie entre la montagne, la recherche et l'industrie, susceptible d'éclairer en partie cette croissance urbaine récente et majeure : les recherches sur l'utilisation énergétique de l'eau montagnarde dominent les sept écoles d'ingénieurs de Grenoble *(doc. 4)*. Sans cet acquis initial, leur prolongement actuel avec le centre d'études nucléaires au nord-ouest et le centre de micro-électronique dans la zone de recherches scientifiques et techniques (Z.I.R.S.T.) de Meylan aurait été plus délicat.

c) La montagne joue aussi un rôle indirect par l'attrait qu'elle exerce au regard des mentalités urbaines actuelles : sans doute la municipalité de Grenoble en a-t-elle joué pour excentrer son palais des congrès (3322-715), tandis que l'institut Lange-

Document 3. Les groupes socioprofessionnels
des communes de l'agglomération grenobloise en 1975.

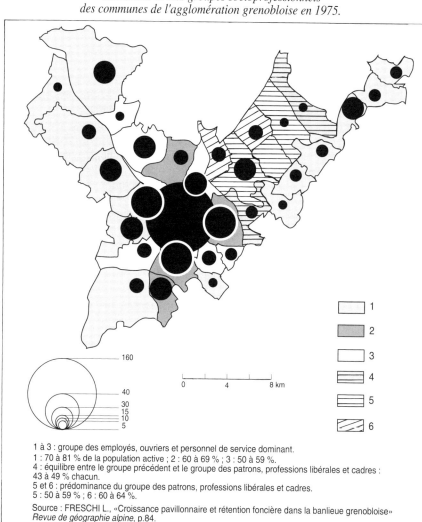

1 à 3 : groupe des employés, ouvriers et personnel de service dominant.
1 : 70 à 81 % de la population active ; 2 : 60 à 69 % ; 3 : 50 à 59 %.
4 : équilibre entre le groupe précédent et le groupe des patrons, professions libérales et cadres :
43 à 49 % chacun.
5 et 6 : prédominance du groupe des patrons, professions libérales et cadres.
5 : 50 à 59 % ; 6 : 60 à 64 %.

Source : FRESCHI L., «Croissance pavillonnaire et rétention foncière dans la banlieue grenobloise»
Revue de géographie alpine, p.84.

vin (2028-712) et le centre de micro-électronique (2030-720) bénéficient de sites et surtout d'une situation susceptibles d'attirer les chercheurs. Le cadre explique aussi le choix des jeux Olympiques d'hiver de 1968 : là encore, le *document 4* souligne la liaison avec l'esprit scientifique. Le tissu urbain reste marqué par l'anneau de vitesse, la patinoire, et, bien sûr, le village olympique.

Document 4 : Grenoble et le cadre montagnard

Page 297. « L'Institut national polytechnique de Grenoble, incontestablement l'une des institutions phares du système grenoblois, regroupe sept écoles d'ingénieurs : Électricité, Papeterie et Imprimerie, Électrochimie et Électrométallurgie, Hydraulique et Mécanique, Électronique et Radioélectricité, Informatique et Mathématiques appliquées, Physique... Hors Paris, très peu de villes françaises ont placé l'enseignement des sciences et des techniques à ce niveau. En province, seules Lille, Strasbourg, Nancy, Toulouse et Lyon tout au plus peuvent se comparer à Grenoble. Ailleurs, les lettres, le droit et la médecine l'emportent toujours sur les sciences, *a fortiori* sur la technologie, par le nombre des étudiants aussi bien que par l'histoire des institutions et l'autorité des maîtres. Il n'en est pas de même à Grenoble où ce sont les scientifiques qui comptent le plus dans la cité. »

Pages 308-309. « Le sport... Les jeux Olympiques de 1968 font partie de l'imagerie grenobloise : la haute silhouette du général de Gaulle, les victoires de Jean-Claude Killy, le tremplin de Saint-Nizier comme un défi vertigineux au-dessus de la ville. Il ne s'agit pas d'une image futile, mais bien d'un signe très fort. Aux marges de deux territoires, Grenoble ne brille ni par le football ni par le rugby, ces deux grands sports de masse d'un univers médiatisé. La montagne est par excellence le terrain de sport des Grenoblois [...]. Grenoble est en France un haut lieu attractif par ces images associées du sport et de la montagne, pour tous les Français mais plus particulièrement pour les Grenoblois et les néo-Grenoblois. Et cette pratique, des origines à nos jours, est très strictement corrélative des conquêtes scientifiques. »

Source : FRÉMONT A., « Milieu géographique et innovation : le cas grenoblois », in *Revue de géographie alpine*, 75, 1987, p. 297, 308, 309.

B — Les inégalités de la croissance urbaine sont essentiellement redevables aux mêmes causes

a) D'abord au cadre montagnard, qui influe sur les débits torrentiels des rivières. Les sites des villes coïncident avec les cônes de déjection des affluents de l'Isère, comme l'illustre en premier lieu Grenoble. La carte géomorphologique montre combien le site primitif a exploité la microtopographie. Sur les marges du cône de déjection du Drac, il bénéficiait d'un étranglement du lit majeur de l'Isère tout en limitant le risque de crue du Drac. Le bâti évite pour l'essentiel les « cuvettes à fond argileux » susceptibles d'être inondées lors des crues, où l'on trouve encore le cimetière Saint-Roch, ou bien les espaces verts associés à l'hôtel de ville. La carte géologique de Domène fait encore plus ressortir une stricte adéquation entre les sites initiaux et les cônes de déjection pour les villes de rive gauche *(doc. 5)*. La

Document 5. Grenoble. L' évolution opposée des deux versants du Grésivaudan.

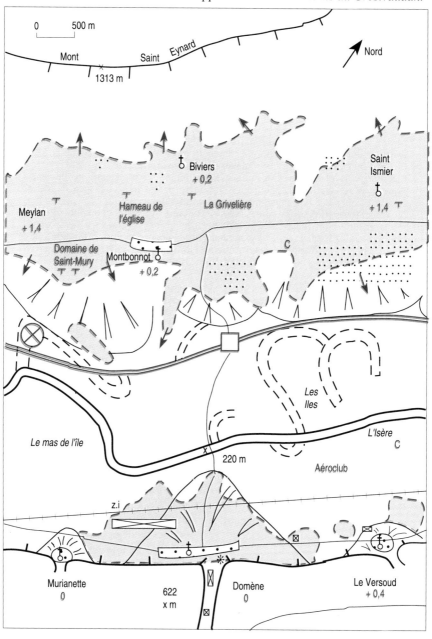

Légende du croquis page ci-contre

L'évolution opposée des deux versants du Grésivaudan

Le versant est : stagnation démographique et densité forte du bâti

0 + 0,4   Croissance démographique communale de 0 à 400 (1975-1982)

   Bâti dense identifiant des centres anciens, au pied du versant

Le versant ouest : croissance démographique et étalement du bâti

0,2 + 1,4 Croissance démographique communale de 200 à 1400 (1975-1982)

Église isolée, habitat dispersé

La Grivellière Lotissements récents

— ⫫ Limites de l'aire bâtie, en progression

Pourquoi cette opposition ?

A- Des avantages physiques à la construction

Cônes de déjection stabilisés, plus développés à l'ouest qu'à l'est

Anciens talwegs de l'Isère ; danger de crue dans le lit majeur en dépit des digues qui corsètent la rivière

B- Un versant ouest plus adapté aux mentalités rurbaines et aux localisations industrielles actuelles

Des industries et des transports pour l'essentiel hérités à l'est

⊠ Industries lourdes héritées : papeteries, métallurgie

z.i Zone industrielle récente, peu étendue

Voie ferrée et ancienne route nationale passant en centre-ville

✳ ⸺ Usine hydroélectrique et lignes haute-tension

Un cadre de technopôle et des facilités de desserte à l'ouest

⊗ Z.I.R.S.T.de Meylan : technopôle

Autoroute et échangeur : liaisons aisées avec Grenoble et l'université

: : : Vignoble plus étendu sur ce versant orienté sud-est

⊤ C Nombreux tennis et centre équestre : indices de population aisée.

fréquence des toponymes des « Îles » prouve l'importante perception locale du danger de crues, que rappellent les anciens cours de l'Isère, d'après la carte géologique.

b) C'est pourtant là où les cônes étaient les moins étendus que les villes se sont développées plus précocement. Il faut y voir les effets de la deuxième révolution industrielle : Froges, berceau de Péchiney, utilisait l'énergie hydroélectrique assurée par les torrents issus de la chaîne de Belledonne, alors que la Chartreuse, marquée par les reliefs karstiques, ne présentait pas les mêmes avantages. Les industries lourdes et les cités ouvrières apparaissent de Domène à Froges, confirment un développement urbain plus précoce que sur la rive droite. À l'inverse, celle-ci, orientée sud-est, ayant plus conservé des vignobles et des cultures arbustives, non marquée par l'architecture industrielle de la fin du XIXe siècle, correspond plus aux souhaits de résidence et de localisation qu'expriment rurbains et industriels. Le document 5 fait ressortir l'association entre les lotissements récents, la Z.I.R.S.T., un cadre de vie jugé agréable et la croissance démographique plus forte des communes de rive droite. L'interprétation cartographique est confirmée par le document 4, qui souligne une nette différenciation sociale entre les deux versants de vallée.

Cette première partie illustre combien la forte croissance urbaine de l'agglomération et ses inégalités traduisent les perceptions et les utilisations successives du cadre montagnard. La croissance urbaine, qui repose en partie sur l'exploitation de l'image montagnarde, d'un milieu physique idéalisé, tend à augmenter la vulnérabilité aux dangers naturels. C'est ce que montre le *document 5*. Tandis que le *document 6* indique avec plus de précision que l'urbanisation peut aggraver localement le risque de crue, le *document 7* rappelle, parfois avec exagération, la réalité des dangers naturels issus du haut des versants. Si la présence montagnarde marque avec une telle diversité, et si vigoureusement, l'agglomération, il n'est pas étonnant de constater qu'à l'inverse l'agglomération de Grenoble contribue à influer sur l'utilisation humaine des massifs montagnards.

2.   Les massifs montagnards inégalement marqués par la présence de l'agglomération grenobloise

Trois massifs apparaissent, mais le découpage des cartes fait que l'intérêt majeur porte sur le massif de la Chartreuse et sur la chaîne de Belledonne. Le Vercors n'est pas assez présent pour justifier une analyse séparée de celle de la Chartreuse. On note partout une utilisation humaine classique de la montagne, qui exploite l'étagement. Pourtant, des différences apparaissent entre les massifs, qu'il conviendra d'interpréter.

2.1. Une mise en valeur générale de l'étagement, en évolution inégale

A — Les deux massifs présentent une organisation voisine des terroirs
Si l'on compare Saint-Pierre-de-Chartreuse (250-5026) et Laval (258-5015), il est possible de distinguer, du bas vers le haut des versants :

Document 6 : Grenoble et le risque de crues

Page 247. « Sur la rive gauche, au niveau de Gières, en l'état actuel des lieux, dans le cas d'une crue supérieure à 2000 m³/s, il ne serait pas exclu de voir se former un flot d'inondation de quelques centaines de m³/s (analogue à celui de 1859) et contournant Grenoble par le sud. En effet l'existence d'un point bas créé par le passage inférieur sous l'échangeur du campus universitaire est propice à une fâcheuse "défluviation". Il est donc prévu, mais pour une date indéterminée à ce jour, d'établir un remblai autour de ce passage, remblai poursuivi le long du tracé de la SU2 en projet. Ce dernier protégerait la zone urbaine de Gières et limiterait l'inondation à un autre casier entre lui et l'Isère. »

Source : Vivian H., Barret J. et Nicolle R.,
« L'aménagement de l'Isère : état de la protection de l'agglomération grenobloise contre les crues (1968-1987) »,
in *Revue de géographie alpine,* 75, 1987, p. 247.

Document 7 : Grenoble et les risques naturels

« Grenoble est-elle la capitale des risques naturels ? En dépit de ses 215 mètres d'altitude, l'agglomération réunit toutes les caractéristiques d'une ville de montagne. Certaines des cimes qui l'entourent approchent les 3 000 mètres et des pentes escarpées s'élèvent juste au-dessus de la cité. L'Isère, quant à elle, charrie les eaux des bassins versants de deux départements : la Savoie et l'Isère. La "capitale" des Alpes françaises et son agglomération, fortes de quatre cent mille habitants, sont aussi soumises à des risques naturels considérables.

Depuis une vingtaine d'années, la plupart des vingt-cinq communes de l'agglomération se sont dotées de cartes répertoriant les zones dites "sensibles" : glissements de terrain ou chutes de rochers. Ceux-ci se détachent en permanence des versants du mont Rachais et du Saint-Eynard dont les falaises calcaires dominent la plaine du Grésivaudan. Le plus récent écroulement est intervenu le 15 juillet 1979, sur la commune de Saint-Ismier, épargnant cependant les maisons [...].

Conscientes du danger, sept communes de l'agglomération grenobloise (La Tronche, Correnc, Meylan, Montbonnot, Biviers, Saint-Ismier, Saint-Nazaire-les-Eymes) ont souhaité se doter de plans d'exposition aux risques (P.E.R.). Ces documents paraissent seuls capables d'endiguer la poussée de l'urbanisation vers le haut des versants à la rencontre des risques naturels. »

Source : *Le Monde,* 2 et 3 août 1987, p. 7.
« Grenoble est confrontée aux inconvénients des mesures de protection. »

a) Une bande boisée le long des torrents, afin de lutter contre l'érosion.

b) L'habitat permanent, dispersé en hameaux au milieu des prés et des champs, en général sur des replats ou des secteurs moins pentus.

c) La forêt, qui reste pour l'essentiel une forêt de protection, si l'on se réfère au réseau des chemins d'exploitation très limité, ponctuel. On en trouve un bon exemple local dans la commune du Sappey, autour de l'habert de Chamechaude, en 3337-872.

d) Les alpages, qui dominent les sommets d'interfluve les plus élevés avec l'habitat temporaire des haberts (habert de Crop : 887-2031 ; habert de Pravouta : 2041-874).

B — L'évolution de l'étagement est similaire

a) Certains terroirs sont abandonnés : la friche gagne des alpages, comme en 254-5026 sur Saint-Pierre, en 265-5011 sur Laval, tandis que des haberts et des granges sont mentionnés en ruine – grange Brévard (872-5024).

b) Le tourisme réutilise l'étagement montagnard, entre autres : pour la randonnée et les sites (sentier G.R. 9-E4 en Chartreuse, sentiers autour du refuge Jean-Collet : 885-3328), pour le ski alpin (stations de Saint-Pierre et de Prapoutel, avec la saignée des pistes en forêt, les télécabines, les téléskis), pour le parapente (notons le site de vol libre en 2040-878), pour le tourisme de cure. Les différents aspects peuvent être associés, comme le montrent la station des Petites-Roches à Saint-Hilaire (2041-725), ou Saint-Martin-d'Uriage, Uriage et Chamrousse dans la même commune sur la carte de 1986 (875-5005).

C — Toutefois, des différences existent entre les massifs

a) L'étagement des terroirs est plus net dans la chaîne de Belledonne qu'en Chartreuse, avec un contraste plus vigoureux entre les sommets d'interfluve et les fonds de vallée. Des glaciers de cirque (3334-897) et des lacs individualisent le massif des Sept-Laux. Fait révélateur, le toponyme de montagne, très fréquent dans la chaîne de Belledonne, est l'exception en Chartreuse.

b) Les aménagements hydroélectriques marquent Belledonne : centrales de haute chute et conduites forcées utilisent l'Eau d'Olle (268-2030) ou les lacs du massif d'Allevard (2038-894).

c) Le tourisme de site semble plus développé en Chartreuse que dans la chaîne de Belledonne. Il faut cependant prendre garde aux différences d'échelle entre les cartes de Domène et de Grenoble, qui favorisent le report d'indications plus précises concernant la Chartreuse.

d) Le ski alpin domine Belledonne, avec des stations intégrées, créées quasi *ex nihilo*, à partir d'un chalet d'alpage, tels ceux du Pleyney et de Prapoutel. Le caractère très récent de l'habitat est attesté par les immeubles, comme au Recoin de Chamrousse (878-2020), ou par l'aspect encore embryonnaire des stations sur la carte de 1978, avant tout matérialisées par une large route d'accès. Le ski de fond se trouve associé à presque toutes les stations de la Chartreuse et du Vercors, qui demeurent villageoises : télécabines et télésièges partent du centre ancien de Saint-Pierre. La pratique du ski est limitée à la seule partie orientale du massif.

Les différences relevées entre les massifs tiennent avant tout aux influences conjuguées du cadre physique et de la présence grenobloise.

2.2. *Les différences de cadre physique sont accentuées par les effets de la présence grenobloise*

A — Les différences entre Belledonne et la Chartreuse tiennent d'abord au cadre physique

a) La Chartreuse est un massif préalpin composé exclusivement de roches sédimentaires plissées tandis que Belledonne, prolongement méridional du massif du Mont-Blanc, fait partie des massifs externes. La carte géologique montre que les sommets de la chaîne sont formés de roches métamorphiques et éruptives. Les mylonites, qui jalonnent les failles principales, pourraient trahir l'intensité du soulèvement tectonique récent. Il a dégagé la chaîne de sa couverture sédimentaire dont les témoins ont été tranchés par la vallée de l'Isère et forment le massif de la Chartreuse.

b) Les variations climatiques quaternaires ont favorisé le jeu de l'érosion différentielle. En témoignent certaines formes glaciaires héritées : lacs de surcreusement glaciaire (lac de Crop, 887-3330) et cirques de Belledonne, cols de diffluence glaciaire de Vence (3331-716) et de Clémencière (3331-714), d'après la carte géomorphologique, mais aussi des formes liées à l'action des eaux courantes, ponctuellement fonctionnelles, comme les gorges torrentielles.

c) Le résultat est un relief plus compartimenté et moins élevé en Chartreuse que pour Belledonne. En Chartreuse, les calcaires de faciès urgonien, massifs, livrent des reliefs dissymétriques, souvent des crêts, comme le Néron ou le rocher de l'Église (*doc. 8*). Évoluant lentement sous l'action des eaux infiltrées, ils sont à l'origine des formes karstiques : dolines, comme les petites dépressions inondables en 3339-864, gouffres, comme le scialet des Vouillants en 2026-240 dans le Vercors, lapiez (877-3343). Marnes et argiles sont évidées et donnent des dépressions allongées, souvent des combes de flanc. Pour Belledonne, l'érosion linéaire domine, les torrents recoupent les verrous glaciaires et tendent à colmater les ombilics.

d) La carte climatique révèle une pluviosité apparemment supérieure en Chartreuse (*doc. 9*) puisqu'il y tombe neuf années sur dix plus de 1 350 mm, mais la nivosité y est plus réduite et plus faible que pour la chaîne de Belledonne. D'après la même carte, on peut imputer cette différence à une fréquence plus élevée et plus uniformément répandue des mois froids, ceux dont la température moyenne est inférieure à 7 °C.

B — Ce cadre physique facilite l'interprétation des différences d'occupation humaine et de son évolution

a) Les aménagements hydroélectriques ne peuvent avoir la même valeur en Chartreuse et dans Belledonne où les dénivelées et les écoulements subaériens sont plus importants. Toutefois, ces aménagements ont été rendus indispensables par les besoins hydroélectriques de l'agglomération grenobloise. La centrale des Fonds de France fournit les usines de Froges, tout comme le font, en partie, les centrales de l'Eau d'Olle.

Document 8. Coupe dans le massif de la Chartreuse, proche de la vallée de l'Isère.

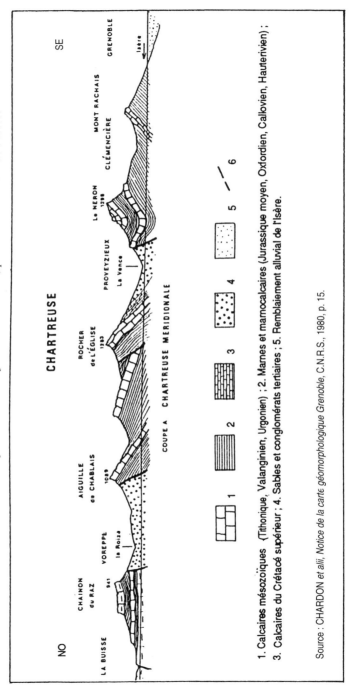

1. Calcaires mésozoïques (Tithonique, Valanginien, Urgonien) ; 2. Marnes et marnocalcaires (Jurassique moyen, Oxfordien, Callovien, Hauterivien) ; 3. Calcaires du Crétacé supérieur ; 4. Sables et conglomérats tertiaires ; 5. Remblaiement alluvial de l'Isère.

Source : CHARDON *et alii*, *Notice de la carte géomorphologique Grenoble*, C.N.R.S., 1980, p. 15.

Document 9. Valeurs des précipitations annuelles moyennes.

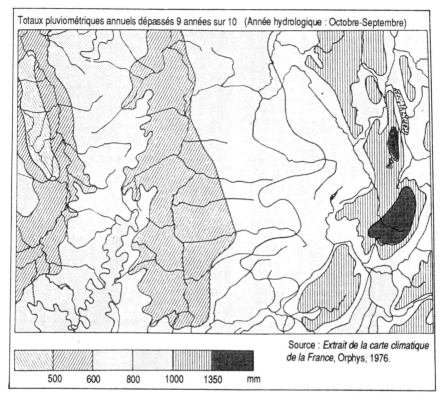

Totaux pluviométriques annuels dépassés 9 années sur 10 (Année hydrologique : Octobre-Septembre)

Source : *Extrait de la carte climatique de la France*, Orphys, 1976.

500   600   800   1000   1350   mm

b) Le tourisme de site bénéficie des attraits géomorphologiques de la Chartreuse : formes karstiques, cluses, crêts agrémentent les randonnées. Autrefois difficile d'accès, comme le rappelle la porte de l'Enclos (871-3344), le massif attira saint Bruno. Son monastère est devenu un but de visite dont témoigne le musée. L'accès plus difficile des lacs du massif d'Allevard à partir de Grenoble peut aider à comprendre le fait que les formes glaciaires et les cascades de Belledonne semblent moins inspirer les touristes. La localisation du centre d'étude de la neige au col de Vence et du tremplin de ski olympique à Saint-Nizier semble confirmer *a contrario* cette hypothèse.

c) En revanche, le cadre physique favorise le développement des stations intégrées de Belledonne, puisqu'il permet les jonctions entre les domaines skiables. L'enneigement y est supérieur à celui de la Chartreuse, massif dont la nivosité ne permet pas le développement d'autres stations que celles de son rebord oriental, qui sont aussi les plus proches de Grenoble. L'accès à Chamrousse montre le rôle déterminant de la métropole, mais aussi de sa gare où arrive le T.G.V., pour le développement de la fréquentation.

d) L'évolution inégale des terroirs est plus délicate à interpréter. Localement, on peut penser que la fréquentation touristique ou de loisir facilite la conservation partielle des activités pastorales. Le chalet d'Emeidras de Dessus (3337-872) est maintenu sur le passage du G.R.9, alors que celui d'Emeindras de Dessous, à l'écart, est en ruine. Ces chalets peuvent servir d'abris, ce que la carte au 1/25 000 rapporte. Mais les facilités d'accès et le soutien possible de l'activité pastorale par le tourisme ne suffisent pas, comme le montrent les multiples granges ruinées des Prés du Pleynon (2039-873). Outre les effets de la politique agricole commune (P.A.C.), on peut y voir ceux d'une présence urbaine trop proche pour susciter le besoin d'hébergement touristique, comme l'attestent les constructions limitées du col de Porte. Par ailleurs, une récupération par des rurbains est exclue pour cet habitat temporaire, peu facile d'accès et isolé.

Conclusion

1. Ces documents prouvent la nécessité de réfléchir sur les relations entre ville et environnement, ce terme ne pouvant être limité aux aspects physiques. Sans le cadre montagnard et ses perceptions sociales successives, l'agglomération n'aurait pu connaître une telle extension. Tout en consommant les ressources énergétiques montagnardes, objets de réflexion scientifique et technique, la ville utilise l'image de la montagne pour faciliter son développement : pensons au rôle des jeux Olympiques et des technopôles. L'abus de l'image tend parfois à faire négliger les dangers naturels montagnards.

2. Il faut réaffirmer cependant que, si la montagne est indispensable au développement grenoblois, qu'elle a vigoureusement marqué, celui-ci n'était ni nécessaire ni inévitable. Il tient à des décisions humaines, à l'esprit d'entreprise que manifestèrent plusieurs notables. Il apparaît une fois de plus que, pour interpréter une répartition d'hommes et d'activités, il est indispensable d'avoir recours aux interactions entre les mentalités des populations locales et les propositions du cadre physique, interactions dont le commentaire de documents fournit les toutes premières hypothèses.

Cartes de Dunkerque

Documents à consulter :

Carte de Dunkerque à 1/25 000.
Carte de Dunkerque à 1/50 000.

Documents présentés :

Document 1 : « Évolution du trafic », Port autonome de Dunkerque, 1990, p. 11.

Document 2 : « L'avant-pays de Dunkerque illustré par quelques diagrammes en bâtons », Port autonome de Dunkerque, 1990, p. 15, 16, 17.

Document 3 : « Évolution du trafic maritime entre Dunkerque et le Royaume-Uni », *Journal de la marine marchande*, le port de Dunkerque, 7 sept. 1990, n°3690, p. 2178.

Document 4 : « Transports ferroviaire, routier et fluvial du commerce extérieur entre le port de Dunkerque et les régions françaises en 1988 », *ibid.*, p. 2182.

Document 5 : « Offre comparative pour les transports terrestres des conteneurs de 20' et de 40' », *ibid.*, p. 2183.

Document 6 : « Port autonome de Dunkerque », *ibid.*, p. 2168.

Document 7 : « Région dunkerquoise. Croissance urbaine », in MALEZIEUX J., *Les Centres sidérurgiques des rivages de la mer du Nord et leur influence sur l'organisation de l'espace*, Publications de la Sorbonne, 1981, p. 910.

Document 8 : Croquis principal.

Document 1 : Évolution du trafic

ENTRÉES	1975	1981	1988	1989	1991	% 1990/1989
Nombre de navires entrés	6 410	6 081	6 284	6 018	5 396	− 10,4
Tonnage en jauge nette (000T)	19 744	27272	26 549	28 495	29 607	+ 3,9
Produits pétroliers	9 042	7 463	7 802	8 541	7 909	− 7,5
Minerais et concentrés	9 875	11 388	9 626	10 748	9 882	− 8,0
Combustibles minéraux solides	2 903	8 404	4 541	4 687	4 749	+ 1,3
Graines et huiles	286	245	152	115	115	−
Textiles	108	91	81	90	58	− 35,1
Produits métallurgiques	196	310	467	587	511	− 12,9
Produits chimiques	79	178	350	337	377	+ 11,7
Sables communs et graviers	966	849	709	713	901	+ 26,3
Autres marchandises	1 066	797	2 275	2 755	2 519	− 8,6
TOTAL DES ENTRÉES	24 521	29 725	26 003	28 573	27 020	− 5,4
Produits pétroliers et minerais exclus	5 604	10 804	8 575	9 284	9 229	− 0,6

SORTIES	1975	1981	1988	1989	1991	% 1990/1989
Produits pétroliers	1 611	2 183	1 739	2 182	1 544	− 29,2
Combustibles minéraux solides	149	154	179	110	74	− 32,6
Produits métallurgiques	1 460	1 827	1 467	1 448	955	− 34,1
Ciment	208	112	119	92	98	+ 6,6
Céréales	72	483	1 396	1 560	2 217	+ 42,1
Sucre	193	1 156	678	529	376	− 28,8
Fruits, légumes, primeurs	292	278	205	226	182	− 19,6
Scories, laitiers de haut-fourneau	20	428	715	524	401	− 23,4
Produits chimiques	100	176	409	541	517	− 4,4
Autres marchandises	1 260	1 109	2 748	3 356	3 176	− 5,4
TOTAL DES SORTIES	5 365	7 904	9 655	10 568	9 540	− 9,7
Produits pétroliers exclus	3 754	5 721	7 916	8 366	7 996	− 4,7
ENTRÉES + SORTIES	**29 887**	**37 629**	**35 658**	**39 141**	**36 560**	**− 6,5**
Avitaillement	708	510	420	540	350	− 22,3

Source : Port autonome de Dunkerque, 1990, p. 11.

La carte à 1/25 000 de Dunkerque reprend une bonne partie de la carte de Dunkerque à 1/50 000. Elle présente le troisième port français, derrière Marseille et Le Havre *(doc. 1)*. La notion de limite, de frontière, constitue ici le thème majeur de la carte. On y trouve :

– des *limites physiques* : limite de la Flandre intérieure, ancien littoral (falaise morte), limite dunaire actuelle qui porte le port de Dunkerque ;

– des *limites historiques* : les places fortes Vauban de Bergues ou Gravelines, les divers forts jalonnant une frontière historique ; les batteries et autres *blockhaus* dans les dunes actuelles rappellent une autre limite : le mur de l'Atlantique durant la Seconde Guerre mondiale ;

– une *limite économique* : le port de Dunkerque, matérialisant la rupture de charge des marchandises entre un avant-pays mondial et son hinterland national (le « triptyque portuaire » classique de VIGARIÉ A., *Ports de commerce et vie littorale*, p. 70) ;

– une *limite politique* : proximité de la frontière belge.

La région de Dunkerque est une région-frontière où plusieurs logiques d'aménagement se sont succédé en exploitant cette notion de frontière. Le commentaire doit souligner cet aspect, en mettant en valeur, bien entendu, la fonction portuaire qui doit constituer, ici, le cœur du commentaire. Le port est aménagé dans un site qui, à première vue, semble difficile. Il faut chercher à comprendre le choix de ce site, en extrayant de la carte les éléments précisant les avantages qu'offre la situation du port par rapport à un avant-pays et à un arrière-pays (hinterland) et par rapport à ses rivaux. Il faut analyser les contraintes qu'impose le site sur les équipements portuaires. Il faut aussi élucider la disproportion flagrante entre la ville de Dunkerque et son port. On pourra articuler le commentaire autour de 3 axes : 1. Une situation favorable... 2. qui explique un site difficile... 3. où a été (et est) aménagé un vaste port en plusieurs étapes, structurant la ville de Dunkerque.

1. Une situation favorable

1.1. Un avant-pays mondial

La carte ne montre pas directement l'importance de l'avant-pays. Toutefois, la disproportion spatiale et humaine entre la ville de Dunkerque (74 800 habitants) et le port de Dunkerque permet de souligner l'importance nationale et internationale de ce port, un port qui dépasse de loin les besoins de la seule ville. Le *document 2* permet de se faire une idée de l'avant-pays mondial du port de Dunkerque pour quelques trafics de vrac (pétrole brut, minerai de fer, charbon et coke). Le minerai de fer, source de la sidérurgie sur l'eau, par exemple, est importé d'horizons aussi divers que le Brésil, l'Australie, la Norvège ou la Mauritanie, en fonction des conjonctures du marché. L'avant-pays mondial est motivé par l'excellente situation de Dunkerque.

A — La proximité du « rail » : le rail est une voie de circulation maritime internationale de première importance. Le rail passe un peu au nord de la carte. C'est une voie contrainte par le détroit de Calais. La position du port par rapport à cette voie est excellente.

Document 2. L'avant-pays de Dunkerque illustré par trois diagrammes.

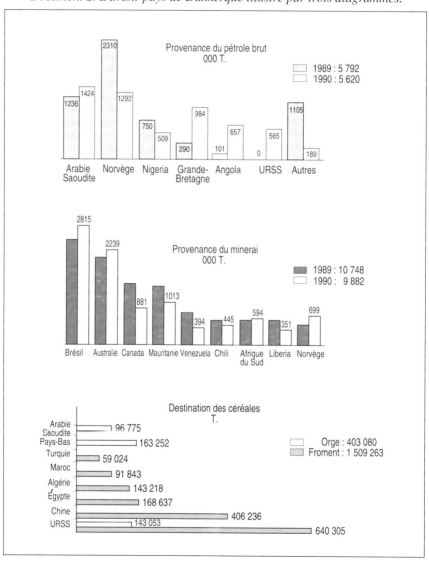

B — La proximité de l'Angleterre est aussi un atout : le trafic trans-Manche ne cesse de s'accroître et ce malgré la concurrence de Calais *(doc. 3)*. La proximité du tunnel sous la Manche renforce cet atout par rapport à ses concurrents belges et hollandais tout en désavantageant Dunkerque par rapport à ses rivaux régionaux (Calais, Boulogne).

C — La façade de la mer du Nord. Ici aussi, la concurrence avec les ports de Rotterdam et d'Anvers est rude. Mais Dunkerque est plus proche des grandes voies de circulation maritime accessibles aux navires à grand tirant d'eau.

Document 3 : Direction des ports et de la navigation maritime (DPNM)

Années	Dunkerque (en 1000 t)	Ports Français (en 1000 t)	Part Dunkerque (en %)
1980	2762	16275	17
1981	3105	18602	16,7
1982	3094	18992	16,3
1983	3270	19017	17,2
1984	4832	21574	22,4
1985	4187	21477	19,5
1986	5086	24332	20,9
1987	6100	26584	22,9
1988	6546	28793	22,7

Source : *Journal de la marine marchande*, le port de Dunkerque, 7 sept 1990, n° 3690, p.2178.

1.2. Un arrière-pays national

A — L'importance des voies de communication souligne la fonction de rupture de charge d'un port et l'importance de son hinterland. On peut noter les axes de communication entre le port et son hinterland, ainsi que ceux générés pour assurer les fonctions portuaires :
– Canaux : dérivations du canal de Bourbourg (canal à grand gabarit Dunkerque-Valencienne pour convois de 3 600 t), de Haute Colme, canal de Bourbourg, de Bergues, de Dunkerque-Furnes.
– Notez l'importance des gares de triage et des faisceaux liés aux activités portuaires : triage des Dunes près de la darse n°6, triage près de l'usine sidérurgique le long de la dérivation de Bourbourg, face à l'ensemble de raffinage de Mardyck, triage le long de la zone industrielle de Petite-Synthe. Ne pas oublier le futur T.G.V. prévu pour 1993 ainsi que le train-ferry Nord-Pas-de-Calais qui permet d'assurer la continuité du réseau ferroviaire à travers la Manche.
– Importance des voies routières et autoroutières : A25, RN1, N336, rocade Dunkerque-Calais avec débouché vers le tunnel sous la Manche.
– Importance des voies électriques : écheveau de lignes haute tension liées aux activités du port qui partent de la centrale électrique nucléaire au nord-est de Petit-Fort-Philippe (Gravelines) ou de la centrale thermique de Dunkerque.

B — La France du Nord (région Lille-Roubaix-Tourcoing, le pays noir) constitue l'hinterland immédiat de Dunkerque. Le trafic avec les autres régions françaises est beaucoup plus faible : par voies ferrées – Lorraine, Champagne-Ardennes, Picardie, avec de très forts déséquilibres entre importations et exportations ; par voies routières : Île-de-France, Picardie, Lorraine, Rhône-Alpes... *(doc. 4)*. La concurrence avec d'autres organismes portuaires est très faible pour son hinterland immédiat (France du Nord) ; en revanche, une sérieuse concurrence se manifeste dans son hinterland plus lointain (France de l'Est et du Nord-Est, par exemple, *doc. 5*) avec les ports rivaux d'Anvers et, dans une moindre mesure, Rotterdam (voir la compétitivité du coût d'acheminement terrestre notamment pour les villes de Metz, Reims, Strasbourg, Mulhouse et Nancy).

Document 4a : Transport ferroviaire du commerce extérieur

entre le port de Dunkerque et les régions françaises (en 1988)

Régions	Importations (en tonnes)	Exportations (en tonnes)
Nord-Pas-de-Calais	697 547	926 031
Picardie	60 152	207 721
Ile-de-France	10 781	10 876
Centre	22 09	26 494
Haute-Normandie	1 152	5 056
Basse-Normandie	1 361	1
Bretagne	4 064	445
Pays de la Loire	592	13
Poitou-Charente	6 322	726
Limousin	1 967	2
Aquitaine	785	5 906
Midi-Pyrénées	3 178	1 840
Champagne-Ardennes	1 861	173 575
Lorraine	943 295	253 802
Alsace	1 350	13 789
Franche-Comté	8 354	8 742
Bourgogne	4 064	4 001
Auvergne	250	7 026
Rhône-Alpes	2 064	12 394
Languedoc-Roussillons	34	96 563
Provence Alpes-Côte d'Azur + Corse	4454	10 463
Total	1 755 845	1 825 477

Source : *Journal de la marine marchande*, le port de Dunkerque, 7 sept 1990, n° 3690, p.2182.

Document 4b : Transport routier du commerce extérieur
entre le port de Dunkerque et les régions françaises (en 1988)

Régions	Importations (en tonnes)	Exportations (en tonnes)
Nord-Pas-de-Calais	5 616 170	2543 515
Picardie	10 652	48 014
Ile-de-France	26 403	80630
Centre	1 431	5 800
Haute-Normandie	28 998	7 048
Basse-Normandie	4 089	2 368
Bretagne	565	1 857
Pays de la Loire	9 670	2 593
Poitou-Charente	469	1 857
Limousin	120	425
Aquitaine	2 077	3 481
Midi-Pyrénées	272	3 520
Champagne-Ardennes	2 970	16 320
Lorraine	8 449	47 990
Alsace	3 720	17 879
Franche-Comté	1 500	1 638
Bourgogne	2 435	3 653
Auvergne	350	1 054
Rhône-Alpes	10 043	19 039
Languedoc-Roussillon	310	13 198
Provence Alpes-Côte d'Azur + Corse	20 127	10 057
Total	5 750 831	2 831 949

Source : *Journal de la marine marchande*, le port de Dunkerque, 7 sept 1990, n° 3690, p.2182.

Document 4c: Transport fluvial du commerce extérieur (en 1988)

Régions	Importations (en tonnes)	Exportations (en tonnes)
Nord-Pas-de-Calais	383 513	44 271
Picardie	1 141	2 692
Ile-de-France	–	5 199
Champagne-Ardennes	50	9 015
Lorraine	–	3 465
Alsace	–	248
Bourgogne	250	250
Rhône-Alpes	250	–
Total	385 205	65 141

Source : *Journal de la marine marchande*, le port de Dunkerque, 7 sept 1990, n° 3690, p.2182.

Document 5a : Offre comparative pour les transporteurs terrestres
des conteneurs de 20'

Secteurs	Dunkerque		Anvers		Rotterdam	
	Fer	Route	Fer	Route	Fer	Route
Chalon-sur-Saône	100	141	107	130	131	152
Dijon	100	140	115	128	147	152
Lyon	100	153	105	140	128	160
Paris	100	100	135	114	158	147
Bordeaux	100	162	115	164	131	182
Strasbourg	100	159	104	120	120	139
Mulhouse	100	150	103	118	103	136
Nancy	100	140	109	107	118	129
Metz	121	152	157	100	141	126
Reims	116	118	146	100	199	140
Amiens	153	100	227	153	304	215
Saint-Quentin	154	100	177	107	243	161
Lille	250	100	376	151	556	268

Source : *Journal de la marine marchande*, le port de Dunkerque, 7 sept 1990, n° 3690, p.2183.

Document 5b : Offre comparative pour les transporteurs terrestres
des conteneurs de 40'

Secteurs	Dunkerque		Anvers		Rotterdam	
	Fer	Route	Fer	Route	Fer	Route
Chalon-sur-Saône	100	110	150	100	185	117
Dijon	100	110	160	100	212	119
Lyon	100	109	125	100	155	114
Paris	141	100	230	114	312	147
Bordeaux	100	103	104	103	126	115
Strasbourg	132	133	125	100	161	116
Mulhouse	126	128	126	100	192	116
Nancy	133	133	145	100	196	120
Metz	192	152	218	100	298	126
Reims	166	118	256	100	354	140
Amiens	250	100	398	153	551	215
Saint-Quentin	226	100	305	107	437	161
Lille	403	100	642	151	987	268
La base 100 représente la cotation la plus compétitive sur la relation considérée						

Source : *Journal de la marine marchande*, le port de Dunkerque, 7 sept 1990, n° 3690, p.2183.

2.   Qui explique un site difficile

2.1. *Des conditions nautiques peu favorables sur l'avant-côte*

A — *Faible profondeur :* les conditions nautiques sont relativement mauvaises – notez la quantité d'épaves qui jalonnent la côte. L'avant-côte se caractérise bathymétriquement par une succession de bancs sableux et de passes entre les bancs. Ceux-ci sont parallèles les uns aux autres et parallèles à la côte. Certains affleurent en surface à marée basse : ainsi au droit et au nord-est de la rade de Dunkerque peut-on en observer au niveau du zéro hydrographique. L'accès au port pour les navires à grand tirant d'eau est impossible sans d'importants aménagements ; il est possible à des navires à moyen tirant d'eau à marée haute et à condition de bien suivre les passes balisées. Les aménagements du port en eau profonde à l'ouest ont nécessité de percer des bancs sableux pour relier des passes entre elles. Notez la courbe bathymétrique – 20 m qui souligne une passe artificielle perpendiculaire aux passes naturelles et surcreusée de 5 à 10 m par rapport à ces dernières. En revanche, ces bancs protègent la côte des fortes houles ou vagues de tempête et permettent l'implantation d'un port sur la côte et non dans un estuaire comme les autres grands ports de la mer du Nord (Rotterdam, Anvers ou Brême).

B — *Forte mobilité* probable de ces bancs. Ces bancs sableux doivent être mobiles, et le coût d'entretien des passes élevé. Notez l'étendue des estrans (marnage élevé) et l'existence d'un port à flot avec des écluses qui maintiennent toujours le niveau d'eau dans le port ; notez aussi la dérive littorale ouest-est : elle engendre une dissymétrie des accumulations sableuses, le long des jetées encadrant le port est de Dunkerque, avec une disposition classique en morphologie littorale – poulier à l'ouest et musoir à l'est.

2.2. *Une arrière-côte basse et humide*

A — Une plaine maritime basse et humide rappelant les problèmes de la carte de Challans.
Au sud, on observe la retombée des collines de la Flandre intérieure. Le contact entre ces collines et la plaine correspond à un ancien rivage (falaise morte). La plaine maritime de la Flandre entre les collines et le trait de côte est à une altitude de 1 m N.G.F., voire 0 m, par exemple entre Téteghem et Bergues. C'est un milieu humide difficile à drainer (notez les toponymes en « moères » signalant d'anciennes tourbières actuellement poldérisées, en « houck » ou « brouck » signalant des marais).
On retrouve des problèmes de gestion similaires à ceux de la carte de Challans. Vous remarquerez les canaux (les *watergangs*) drainant la plaine et la présence de moulins, signe d'une gestion hydraulique ancienne par la force du vent, relayée actuellement par des pompes. Les bourgs sont installés sur des îles au milieu des marais : site de Bergues, par exemple, rappelant le site de Bouin sur la carte de Challans ; site de Bourbourg avec un toponyme qui en signale l'origine (de *burg*, château fort et *broek*, marais).

B — Des paysages ruraux typiques avec de petites villes.

Les paysages apparaissent nus, sans arbres, avec un habitat dispersé en hameaux ou en fermes à cour ouverte (le modèle flamand de la *hofstede* isolée) et quelques concentrations en bourg. Bergues est une ancienne place forte du dispositif de Vauban. La ville *intra muros* est très typique des places fortes avec une organisation circulaire du tissu urbain autour du beffroi.

Bourbourg, seconde ville de la plaine, au milieu du marais, est entourée d'un canal circulaire. Notez les fortifications de Vauban et les nombreux forts et fortins dans la plaine : fort Vallières, fort Castelnau, fort de Petite-Synthe. La carte signale certaines activités pratiquées dans la plaine maritime : quelques distilleries en activité (Grand Mille Brugge) ou à l'abandon (Coppenaxfort), des serres près de la dune révélant des cultures maraîchères, par exemple à la Tente Verte entre Malo-les-Bains et le canal de Dunkerque à Furnes.

2.3. *La dune littorale, site de Dunkerque*

La ville de Dunkerque (« église des dunes » en néerlandais) est établie sur un site difficile, car mouvant. Le cordon dunaire y est de faible épaisseur : il varie de 750 m à l'est à 150-200 m à l'ouest avec la partie centrale occupée par le port. Une partie du port de Dunkerque est creusée dans la dune.

Notez la disposition des cordons dunaires séparés les uns des autres par des *lettes* (dépression entre deux cordons dunaires) parfois humides. D'ailleurs un petit étang se localise dans une lette à l'est de Malo-Terminus. La dune a plusieurs fonctions.

C'est d'abord une *limite naturelle* : elle protège le marais des inondations marines. En contrepartie, elle entrave l'évacuation des eaux douces. Les dunes sont ainsi percées par les estuaires de cours d'eau qui se jettent dans la mer. C'est là que se sont établis les anciens ports. On reconnaît encore celui de Gravelines, de part et d'autre de l'estuaire de l'Aa. En revanche, on ne reconnaît plus l'estuaire initial dans lequel a été aménagé le port de Dunkerque. Un autre problème est associé à cette limite : l'ensablement. Initialement, les villages s'établissent au contact dune-plaine maritime (exemple : Leffrinckoucke ou, sur la carte à 1/50 000, Zuydcoote). Or la dune est un édifice naturel qui n'est pas toujours fixé par un tapis végétal (notez la dune vive, en orange, par exemple à Malo-Terminus). Des problèmes d'ensevelissement par les sables lors de tempêtes violentes se sont déjà produits dans l'histoire.

La dune a, ensuite, une fonction *résidentielle*. Un mitage de la dune par les résidences apparaît sous deux formes : soit une extension du bâti à partir de Dunkerque vers l'est et de façon privilégiée sur le cordon dunaire (de Malo-les-Bains à Malo-Terminus) ; soit localement à partir d'anciens villages localisés à l'arrière de la dune ou de la route reliant le village au rivage à travers le cordon dunaire (Leffrinckoucke, ou Bray-Dunes-Plage sur la carte à 1/50 000).

La dune a aussi une fonction *touristique* soulignée sur la carte par la présence de la station balnéaire de Malo-les-Bains et du sentier de grande randonnée du littoral qui l'emprunte.

Elle a une fonction *militaire* : terrain de manœuvres de Leffrinckoucke, camps militaires de Malo-Terminus, souvenir de la guerre de 1939-1945 : blockhaus, batteries, cimetière militaire ;

Elle a enfin une fonction *médicale* (hôpital maritime de Zuydcotte, sur la carte à 1/50 000).

3. Où a été (et est) aménagé un vaste port en plusieurs étapes, structurant la ville de Dunkerque

3.1. Le port

On peut analyser le port en dissociant ses trois étapes de construction-extension *(doc. 6)* :

A — Le port traditionnel (jusqu'en 1958)
Trois bassins composent le port traditionnel – les bassins de la marine, de l'arrière-port et du commerce. Ils correspondent à un ancien estuaire. À ces trois bassins s'ajoutent successivement six darses. La conception du port remonte au plan Freycinet (bassin de Freycinet) en 1879. Les bassins y sont à flot. Des écluses les font communiquer avec la mer. La première d'entre elles garde le nom de son concepteur, Trystam. Une seconde écluse a été rajoutée ultérieurement au port : l'écluse Wattier permettant le passage de navires à gros gabarit.

B — Le port Usinor (mis en service en 1963)
Cette seconde tranche correspond à la délocalisation de la sidérurgie et à l'essor de la sidérurgie sur l'eau. Elle s'explique par une nouvelle logique d'aménagement portuaire en relation avec l'internationalisation du transport des marchandises et avec la rupture du port avec son hinterland régional. Cette logique se concrétise par la création d'une Z.I.P. (zone industrielle portuaire) d'une importance qui dépasse de loin le cadre régional.

L'écluse Charles-de-Gaulle (364 m, 47,5 m) est ouverte en 1973 et permet le passage de navires de 115 000 t. Le cœur de cette tranche est un bassin de 5,7 km de long et de 300 m de large en moyenne conquis sur la mer. Ce bassin est protégé de la mer par une digue totalement artificielle (digue de Braek). Le quai de ce bassin porte des rails le reliant au complexe sidérurgique de La Sollac (filiale d'Usinor-Sacilor) : notez la superficie de ce complexe et la variété de ses activités – aciérie, hauts fourneaux, usine sidérurgique, cokerie.

Une vaste raffinerie de pétrole avec réservoirs associés a été installée au sud du bassin de Mardyck, avec appontement pétrolier. Une usine pétrochimique (Polychim) est à coté, ainsi qu'une cimenterie (Lafarge). Une usine métallurgique (Sollac) est implantée un peu au sud de Grande-Synthe et est reliée à l'ensemble par le canal à grand gabarit. Notons aussi le développement d'une autre zone industrielle au sud de Synthe avec des entreprises diverses. Le port Usinor est relié par le canal des dunes au nouveau port ouest. L'écluse des dunes assure le passage du port à flot au port à marée.

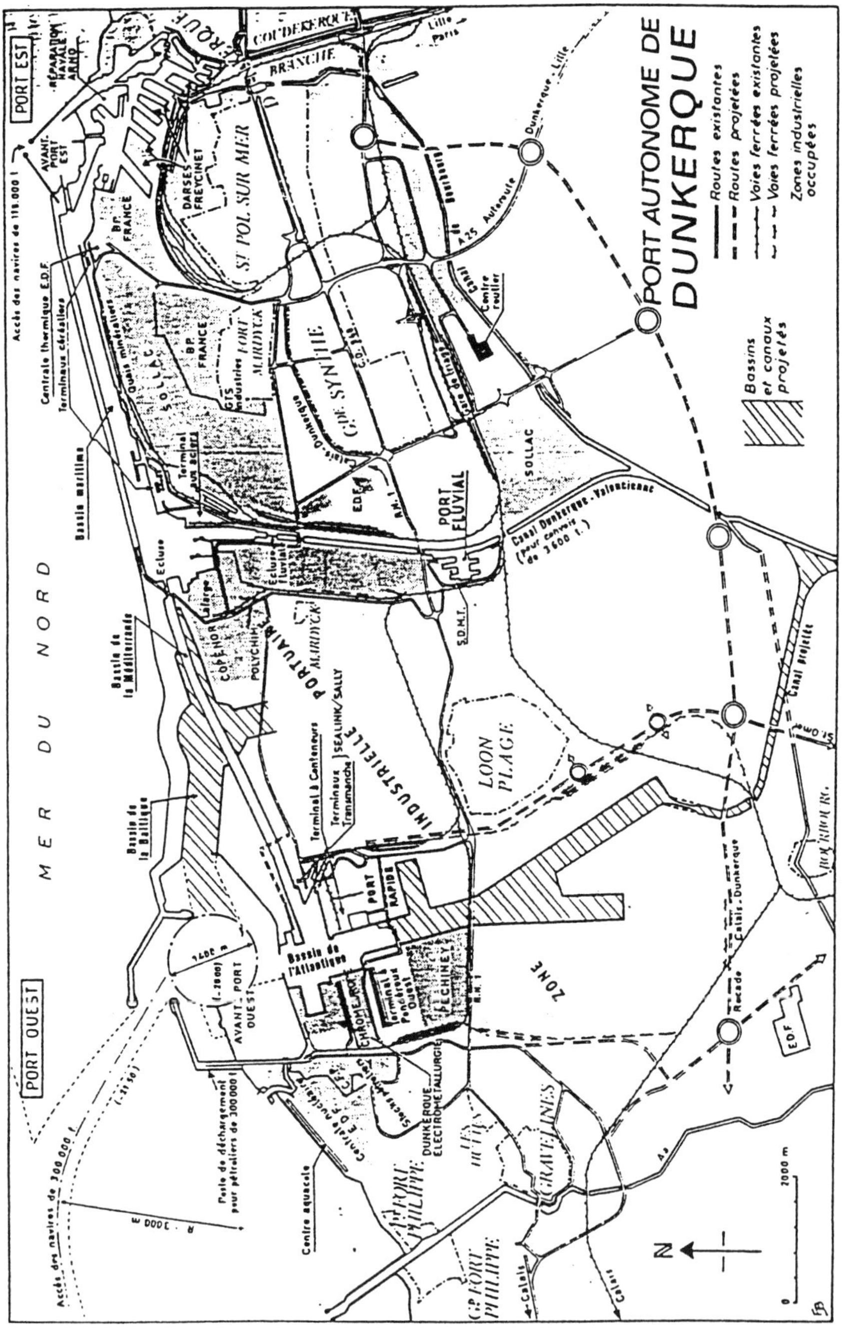

Document 6. Port autonome de Dunkerque.

C — Le nouveau port et les difficultés économiques
L'avant-port ouest permet à des navires à gros gabarit d'accoster quelle que soit l'heure de la marée. Le projet a été conçu et commencé à l'époque de la course au gigantisme des navires (jusqu'à 550 000 t). Ce port est construit en avant de l'ancien cordon dunaire, sur la mer. Le tracé de l'ancien cordon dunaire passe au niveau de la darse de la Manche.

Des polders industriels ont été aménagés. Certains portent aujourd'hui des équipements divers : la centrale nucléaire de Gravelines, des réservoirs d'hydrocarbures, une usine métallurgique, une usine d'aluminium, quelques entrepôts. Bien de la place est encore disponible, mais elle n'est que lentement comblée, semble-t-il. Des projets d'extension vers l'intérieur sont présentés sur le *document 5*. Ceux-ci consistent à prolonger le bassin de l'Atlantique, à relier l'avant-port ouest au bassin maritime et à créer un canal reliant le bassin de l'Atlantique prolongé au canal Dunkerque-Valenciennes.

3.2. *Dunkerque*

A — *Allure d'ensemble* de l'agglomération
Des coupures dans le tissu de Dunkerque empêchent toute continuité entre son noyau initial et ses extensions. Elles sont dues tantôt aux établissements militaires, tantôt aux espaces industriels, tantôt aux voies de communication très abondantes et variées entre le port et son hinterland. Vous remarquerez l'emplacement des chantiers navals entre le centre-ville, les ports de plaisance et d'échouage, le canal exutoire. À la suite de la fermeture de ces chantiers en 1986, un grand projet urbain voit progressivement le jour pour remplacer ces friches industrielles : le projet Neptune (PARIS D., « Le littoral du Nord-Pas-de-Calais face à l'enjeu européen : dynamique économique et aménagement de l'espace à Dunkerque », *Hommes et Terres du Nord,* 1991, 2-3, p. 162).

B — La ville préexistante au port : ville ancienne et ville du XIXe siècle
Le noyau initial est ceinturé, à l'ouest, par l'ancien port (l'ancien exutoire naturel) et, à l'est, par le canal exutoire. On le reconnaît aisément à la densité du tissu urbain, à la présence de bâtiments, certains habituels dans les centres-villes (hôtel de ville, sous-préfecture, palais de justice, église et temple, collège et lycée), d'autres caractéristiques des villes du Nord (beffroi : ancien clocher de l'« église des dunes »).

Autour s'étend une couronne moins dense : c'est l'extension du XIXe siècle (Malo-les-Bains, Coudekerque, Rosendaèl, Saint-Pol-sur-Mer). On peut remarquer le plan de la station balnéaire de Malo-les-Bains, caractéristique des stations de la fin du XIXe siècle avec son remblai, son casino couplé à un récent palais des congrès sur le remblai, son plan en damier. Rosendaèl, en arrière de la dune portant Malo-les-Bains, est le quartier des maraîchers (révélé par les serres déjà signalées). Avec Coudekerque et Saint-Pol-sur-Mer, on entre dans les quartiers ouvriers de la banlieue de Dunkerque : habitat en barres à Coudekerque, prédominance du pavillonnaire à Saint-Pol (cité des cheminots).

C — Les extensions liées au port et aux industries

Elles se font préférentiellement vers le sud de l'agglomération : les plus fortes croissances urbaines *(doc. 7)* se sont faites d'abord à Grande-Synthe puis à Petite-Synthe (habitat à dominante collective) avec les facilités d'usage (collèges et lycées, terrains de sports, centres commerciaux) en relation avec l'afflux de travailleurs vers la Z.I.P. Parallèlement, on assiste à la création de cités pavillonnaires vers l'est de l'agglomération dans des quartiers en apparence plus aisés : le Chapeau-Rouge entre Rosendaèl et les sablières, Malo-Terminus sur la dune littorale, le sud de Coudekerque, Cappelle-la-Grande, ainsi que près de bourgs plus éloignés : Bergues, par exemple.

Conclusion

La situation du port de Dunkerque est la clé du traitement de cette carte. Son excellente situation justifie d'abord un aménagement portuaire immense dans un site relativement difficile ; elle justifie ensuite un développement industrialo-portuaire très important, Dunkerque étant le principal pôle de développement industriel régional ; elle explique enfin la disproportion flagrante entre la ville à fonction régionale et son port dont l'ambition est d'être à fonction nationale, voire internationale. C'est une ville qui semble être à la « remorque du port et de l'industrie » (expression tirée de *La France des villes, Nord et Nord-est*, La Documentation française, sous la direction de BEAUJEU-GARNIER J., 1979, p. 57).

Document 7. Dunkerque-Croissance urbaine.

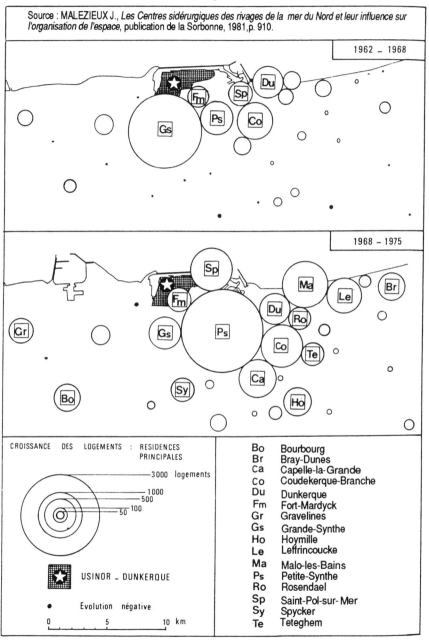

Source : MALEZIEUX J., *Les Centres sidérurgiques des rivages de la mer du Nord et leur influence sur l'organisation de l'espace*, publication de la Sorbonne, 1981, p. 910.

1962 – 1968

1968 – 1975

CROISSANCE DES LOGEMENTS : RESIDENCES PRINCIPALES

3000 logements
1000
500
100
50

USINOR – DUNKERQUE

Evolution négative

0   5   10 km

Bo	Bourbourg
Br	Bray-Dunes
Ca	Capelle-la-Grande
Co	Coudekerque-Branche
Du	Dunkerque
Fm	Fort-Mardyck
Gr	Gravelines
Gs	Grande-Synthe
Ho	Hoymille
Le	Leffrincoucke
Ma	Malo-les-Bains
Ps	Petite-Synthe
Ro	Rosendael
Sp	Saint-Pol-sur-Mer
Sy	Spycker
Te	Teteghem

Document 8 : carte de Dunkerque

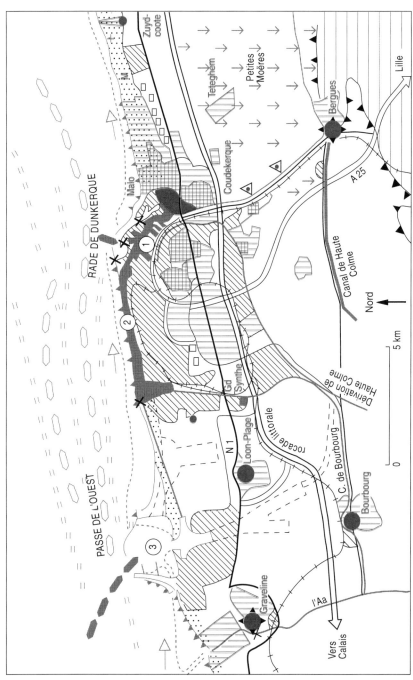

Légende du croquis page ci-contre

1 – Une situation favorable soulignée par les axes de circulation

Passes naturelles vers l'avant-pays

Passes artificielles vers l'avant-pays

Canaux navigables et fleuves navigables

Autoroutes

Routes

Voies ferrées

Faisceau de voies ferrées (triage)

2 – Qui explique un site difficile

2–1. Une avant-côte qui présente des conditions nautiques peu favorables

Axe de banc sableux sous-marin peu profond

Sens de la dérive littorale

Zéro hydrographique

Rivage naturel

Rivage artificialisé (digue de port, digue de polder, remblais divers)

2–2. Une arrière-côte basse et humide

Falaise morte limitant la plaine maritime et île du marais

Retombée des collines de la Flandre intérieure

Plaine maritime humide entre la Flandre intérieure et la dune littorale

Partie de la plaine maritime au niveau du zéro topographique

Principales villes et principaux villages

Places fortifiées

Forts ou fortins

Secteurs de cultures maraîchères (serres)

2–3. Le site dunaire

Dune généralement vive, avec quelques lettes

Hôpital

Dune avec éléments d'urbanisation

Village au contact dune-plaine

M   Fonction militaire de la dune (actuelle ou historique)

3 – Dunkerque et son port

3–1. Le port

① Port primitif   ② Port Usinor   ③ Avant-port moderne

Projets d'extension de port (darses + canaux)

Bassins à flot

✗ Écluse

ZIP, autres zones industrielles, et polders en attente de recevoir des équipements industriels

3–2. Dunkerque

Ville ancienne

Ville du XIXe siècle

Extensions récentes liées au port et aux industries

Cartes de
Nice-Antibes-Monaco

Documents à consulter :

Carte topographique à 1/25 000 Nice-Antibes-Monaco, 3743 ouest, 1987 (document de base).
Carte climatique détaillée de la France à 1/25 000, Nice, 1973 .
Carte de la végétation de la France à 1/200 000, Nice, 1956.
Cartes géologiques à 1/50 000 Menton-Nice (1968) et Grasse-Cannes (1970).

Documents présentés :

Document 1 : Croquis principal.
Document 2 : Deux coupes géologiques.
Document 3 : Carte du gel printanier en année moyenne, d'après la carte climatique détaillée de la France, Nice, Ophrys.
Document 4 : Texte extrait de la notice de la carte de la végétation, C.N.R.S. et Institut géographique national, Nice.
Document 5 : Rose des vents pour la station Nice-Le Var, d'après la carte climatique détaillée de la France, Nice, Ophrys, 1973.
Document 6 : Carte extraite de Analyse spatiale quantitative et appliquée, n° 18-19, 1985, p. 40.
Document 7 : Texte extrait du journal *Le Monde*, 19 oct. 1979, p. 15.
Document 8 : Texte extrait du *Petit Larousse de la peinture*, t. I, 1979, p. 313.

Document 1. Nice : Les dépassements des sites défensifs par la croissance de la métropole de la Côte d'Azur.

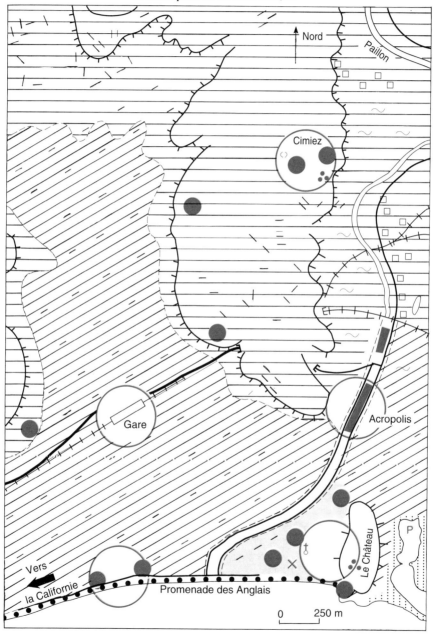

Légende du croquis page ci-contre

1 - Polycentrisme et croissance urbaine déséquilibrée

A - Au moins cinq centres, entourés d'un cercle rouge

◇ ∴   Arènes et ruines romaines de Cimiez

‡ ∴   Cathédrale et château

⊢▭⊣   Gare centrale

● ● ● ●   Promenade des Anglais et palais de la Méditerranée

▭▬▭   Palais des congrès : Acropolis

B - Croissance urbaine préférentielle vers le nord et l'ouest

▭   Quartier à très forte densité du bâti

◺   Quartiers à forte densité du bâti

▭   Quartiers à plus faible densité du bâti

□ ⊬ ◯   Entrepôts, gare de triage, stades : vallée du Paillon

2 - Des sites défensifs à la Riviera : réutilisation du milieu physique en fonction des besoins humains évolutifs

A - La préférence pour les sommets d'interfluves à proximité du Paillon

∴ Ƒ ~ //   Site romain : plateau entaillé par le Paillon, torrent à large lit majeur

⟋ ‡ Ɉ∴   Site au moins médiéval et moderne, entre la butte du château et le Paillon

B - La poussée touristique et démographique du XIXe siècle : utilisation des dépressions et de la côte à lido

● ●
● ● ●   Construction d'hôtels sur la côte à lido associés à la promenade des Anglais

Ⱶ Ⱶ   Croissance urbaine dans la dépression tapissée d'alluvions récentes et
               d'argiles de Nice : marécages assainis

~ ~   Moindre construction dans le lit majeur du Paillon : danger de crue

C - Le renforcement de la fonction touristique et culturelle : nouveaux débordements du site

● ▬   Musées, casino, opéra, université, palais des congrès, palais des expositions

× P   Marché aux fleurs, port de plaisance

⤳   Habitat hétérogène, souvent collectif, développé sur versants et sommets
               d'interfluves

∷∷∷   Atterrissements portuaires

▭▬   Enterrement du Paillon et développement des axes à chaussée double

◀   Croissance urbaine vers le delta du Var (Californie)

La carte est située dans le sud-est du département des Alpes-Maritimes. Cette localisation souligne d'emblée la présence de trois éléments capitaux : le littoral méditerranéen, le piedmont alpin, une série de villes qui leur sont associées, dont Nice, métropole d'équilibre. La lecture du document fait apparaître une continuité presque achevée du tissu urbain sur le littoral, entre Monaco, Nice et Antibes, qui forment les points d'appui principaux de la chaîne urbaine. De même se dégage très vite l'intensité de l'urbanisation pour l'arrière-pays (1).

Chercher les raisons de cette prééminence urbaine inégale sur le littoral amène à dégager la notion de Riviera, à reconnaître le développement du tourisme, international, lui-même inégalement présent (2). L'interprétation de cette double inégalité de répartition urbaine et touristique tient en partie à l'utilisation évolutive du cadre physique (3), qui influe sur le développement actuel de la Riviera, surtout à Nice, comme le montre le *document 1*. La pression foncière qui en résulte explique en partie l'urbanisation de l'arrière-pays et marque le rayonnement local de la métropole (4).

1.   Un tissu urbain presque continu sur le littoral et qui tend à gagner l'arrière-pays

1.1. Trois villes principales associées au littoral

A — Nice (338 400 habitants, chiffre de 1982), Monaco (24 600) et Antibes (63 200) possèdent au moins un centre proche du rivage : cathédrale et château Grimaldi à Antibes, palais et cathédrale à Monaco, quartier développé entre l'embouchure du Paillon et le château à Nice, là encore avec sa cathédrale. Dans les trois cas, ces centres sont associés à des côtes à falaises ou à des côtes rocheuses. Dans les trois cas, la croissance urbaine a progressé vers les dépressions et les littoraux construits et elle tend à les modifier par des atterrissements, surtout à Nice avec l'aéroport, et à Monaco.

B — La croissance urbaine apparaît plus compliquée à Nice : le site romain de Cimiez n'est pas associé au littoral, mais à un sommet d'interfluve plat. La croissance urbaine de Nice est préférentielle vers le nord et vers l'ouest, délaissant en partie la vallée du Paillon *(doc. 1)*.

1.2. L'inégalité du développement urbain à l'est et à l'ouest de Nice

A — Entre Nice et Monaco, la population urbaine atteint 20 400 habitants (1982) contre 64 300 d'Antibes à Nice, soit trois fois plus.

B — Une autre différence tient à la répartition du tissu urbain : de Nice à Monaco, les coupures dans le bâti et le développement anarchique sont plus fréquents que d'Antibes à Nice, où l'on observe de rares hiatus (parc de Vaugrenier, 1859-987) et surtout une occupation spatiale localement moins désorganisée. La commune de Villeneuve-Loubet en témoigne, au sud de l'embouchure du Loup (1860-988).

C — Remarquons enfin l'association fréquente entre le site urbain initial et le rivage à l'est de Nice, alors que les centres historiques sont plus éloignés du trait de côte à l'ouest de Nice. Èze pourrait fournir le seul contre-exemple à cette règle entre Nice et Monaco, bien que le village ne se trouve qu'à 500 m du rivage.

1.3. Un arrière-pays très touché par l'urbanisation

Le contraste entre l'habitat ancien et l'habitat récent, éparpillé, est vigoureux : il s'agit là d'un ancien mitage qui a transformé ces communes rurbanisées en communes urbaines (Saint-Paul, La Gaude étaient des communes rurales sur la carte géologique de 1970). L'habitat récent s'est développé surtout entre Nice et Vence, sur les sommets d'interfluves, dans les fonds de vallées ou sur les versants exposés au sud.

L'analyse de ces traits principaux du document permet de se demander :
1. Pourquoi une aussi forte urbanisation du littoral existe-t-elle ?
2. Pourquoi des inégalités dans la répartition du bâti et de la population apparaissent-elles, que ce soit sur le littoral à l'est et à l'ouest de Nice *(doc. 2)* ou dans l'arrière-pays ?

Document 2. Deux coupes sur le littoral niçois.

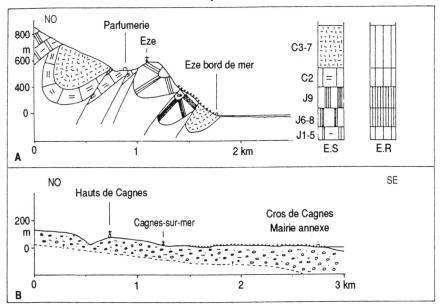

2.   L'urbanisation du littoral est étroitement liée au développement d'une riviera

2.1. L'urbanisation du littoral traduit la présence d'une riviera

Les bâtiments et les fonctions liés au tourisme international y sont largement représentés.

A — Le *tourisme international culturel* ou d'affaires est rappelé par :

a) les casinos et les centres de conférences internationales, eux-mêmes associés aux festivals – carnaval de Nice, festival de jazz à Antibes, par exemple ;

b) la fréquence élevée de musées, océanographique à Monaco, ou de pinacothèques *(doc. 1)* ;

c) les ruines et les points de vue propices au développement du tourisme de site.

B — Le *tourisme international lié au sport* complète ce premier aspect, grâce :

a) aux ports de plaisance dans chaque commune littorale ;

b) à l'hippodrome, au golf de la Bastide du Roi (1858-986), à la fréquence élevée de courts de tennis dont beaucoup sont privés : ceux des Hauts-de-Vaugrenier ne sont pas entourés par un cercle rose sur la carte au 1/25 000 ;

c) au Grand Prix automobile de Monaco, aux tournois de tennis internationaux.

C — La *fréquentation internationale* par des touristes en général aisés est aussi marquée par l'architecture et la toponymie :

a) la mention du dôme (996-1866) rappelle l'exitence des palaces sur la promenade des Anglais ;

b) le quartier Victoria-Parc à Nice (1000-1869) laisse peu planer de doute sur la catégorie socioprofessionnelle de ses résidents temporaires éventuels. Les noms des campings, comme le Savoy au nord de la marina Baie-des-Anges, ou l'Aurion Europa (1859-987) permettent de supposer une fréquentation cosmopolite, et surtout aisée ;

c) les conditions d'accès : l'aéroport international de Nice et l'héliport de Monaco soulignent l'importance et la valeur de l'hinterland international.

2.2. L'inégalité de l'urbanisation littorale est en rapport avec un développement touristique différencié

A — De Nice à Monaco, la fréquence des casinos est élevée, tout comme apparaissent les indices de fréquentation préférentielle par des personnes âgées : la carte ne reporte qu'une seule plage surveillée alors que des possibilités existent (plage Mala au cap d'Ail ; plage d'Èze-Bord de Mer), mais elle mentionne une maison de retraite (1008-1871).

B — D'Antibes à Nice dominent les campings. La fréquentation temporaire par des personnes plus jeunes est confirmée par le centre loisirs-jeunesse du Cros de Cagnes, et par les huit plages surveillées.

C — La prééminence d'Antibes, Nice et Monaco se retrouve grâce aux casinos et à la maîtrise des communications : Antibes accueille des studios de télévision (987-1857), Nice des studios de cinéma (993-1864) tandis que les studios de Radio Monte-Carlo sont mentionnés en 1010-1873.

Les inégalités et l'importance de l'urbanisation littorale coïncident bien avec le développement de la Riviera, ce qui déplace le problème : il faut désormais chercher à expliquer les raisons de cette présence touristique et de ses particularités.

3. Les propositions inégales du cadre physique au développement urbain et touristique

3.1. *L'attrait relatif du climat et de la végétation*

Document 3. Gel printanier en année moyenne.

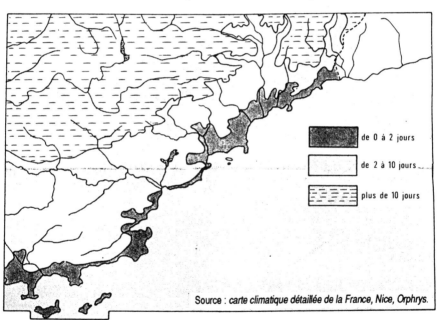

Source : *carte climatique détaillée de la France, Nice, Orphrys.*

La sécheresse estivale et le fort ensoleillement sont propices au développement balnéaire, tandis que l'hiver est marqué par une fréquence faible des gelées, surtout en raison de la présence maritime *(doc. 3)*. Ces caractéristiques climatiques ont facilité l'introduction d'espèces végétales exotiques *(doc. 4)*, mais cette richesse floristique est redevable aux échanges maritimes et à l'activité humaine. En retour, elle est utilisée pour le développement du tourisme, comme au jardin exotique d'Èze. Le *document 4* insiste sur le rôle protecteur du relief, facteur de différenciation au sein de cette Riviera.

Document 4 : Des associations végétales anthropisées

« Série du Caroubier :
C'est la série la plus chaude, représentée seulement le long de la côte française que de hautes falaises protègent du nord, entre Nice et Menton, sur des calcaires dolomitiques portant des sols rouges décalcifiés.

La végétation a été profondément modifiée par le peuplement humain très dense et par l'introduction de plusieurs centaines d'espèces exotiques dont beaucoup sont naturalisées. Palmiers, Eucalyptus, Bananiers, Agaves et Cactées sont devenus un élément capital du paysage botanique. La spontaneité du Caroubier et de l'Olivier est probable. Une partie des pinèdes proviennent de reboisements anciens ou récents. Cultures florales et agrumes. »

Source : Extrait de la notice de la carte de la végétation de la France, Nice.,
C.N.R.S. et Institut géographique national.

Document 5. Fréquences et secteurs des vents à l'embouchure du Var.

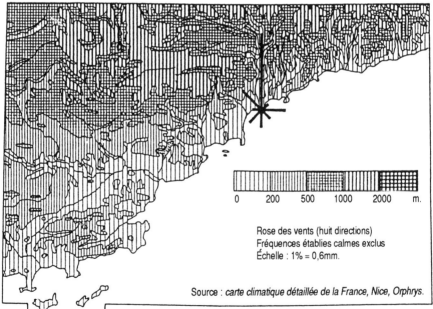

0   200   500   1000   2000   m.

Rose des vents (huit directions)
Fréquences établies calmes exclus
Échelle : 1% = 0,6mm.

Source : *carte climatique détaillée de la France, Nice, Orphrys.*

3.2. *Des propositions plus inégales du relief*

On observe une opposition topographique à l'est et à l'ouest de Nice :

A — À l'est, des reliefs dissymétriques sont parfois nommés *baous* : il s'agit de crêts de chevauchement *(doc. 2A)*. L'érosion différentielle a exploité les contrastes entre calcaires massifs, surtout du Portlandien (J9), et marnes, que présente l'échelle de résistance associée à la coupe (E.R.). Les littoraux à falaises vives dominent, laissant peu de plages.

B — À l'ouest de Nice, le littoral associe des falaises mortes à une ancienne côte à lido : la lagune n'est partiellement conservée que dans le parc départemental de Vaugrenier. Les formations pliocènes du delta du Var, très hétérogènes et de cohésion plus faible, expliquent le modelé plus mou pour ce secteur de la carte longtemps subsident.

3.3. *Ces différences physiques contribuent à expliquer l'inégal développement de la Riviera*

La côte est est plus adaptée au tourisme hivernal : les adrets abritent du mistral et de la brise de terre qui, d'après le *document 5*, soufflent de préférence le matin en empruntant la vallée du Var. Ces vents soulignent le gradient thermique élevé en hiver et l'effet topographique de couloir. De surcroît, cette côte rocheuse était plus saine lorsque la côte à lido n'était pas aménagée.

La différenciation des rivieras tient donc bien à l'exploitation de données physiques différentes en fonction des besoins sociaux évolutifs. La côte est a été choisie par les riches Anglais et Russes qui venaient terminer leurs jours à Nice, assez nombreux pour qu'une partie de la nécropole de Caucade leur soit réservée. Les conditions microclimatiques et la salubrité du littoral guidaient en partie ce choix. Le développement balnéaire y est resté très limité. Au contraire, la côte ouest a été évitée par les sites anciens *(doc. 2)* et utilisée parfois très tardivement grâce au développement du tourisme balnéaire. Cet essor récent permet de comprendre une répartition plus ordonnée des activités à Villeneuve-Loubet : le *document 6* confirme la croissance démographique tardive de cette commune. On peut y voir les effets d'une gestion foncière que la spéculation liée aux contraintes du développement littoral et l'évolution législative récente favorisent. Ce sont ces contraintes qui permettent d'expliquer en partie la morphologie urbaine niçoise et l'urbanisation de l'arrière-pays.

4. Les contraintes du développement littoral : l'arrière-pays dans la dépendance de Nice

La croissance urbaine de Nice traduit les dépassements successifs de sites, qui provoquent des problèmes de gestion foncière, évoqués par le *document 7* (4.1). D'où un arrière-pays de plus en plus sous la dépendance de la métropole (4.2).

*Document 6. Types d'évolution de la population des communes
des Alpes-Maritimes.*

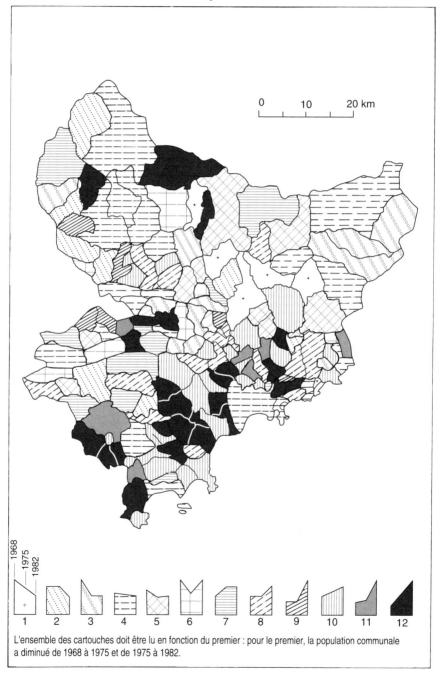

4.1. Du repli sur les sites défensifs à la recherche des espaces constructibles à moindre coût

A — Grâce au *document 1*, on peut montrer que l'inégalité de croissance urbaine et de densité du bâti est liée aux besoins fonciers niçois accrus.

a) Les premiers sites utilisent le lit majeur du Paillon et les sommets d'interfluves à des fins défensives.

b) Le développement touristique pousse la croissance urbaine à dépasser l'obstacle apparent du Paillon et des marais. Toutefois, le danger d'inondation lié au torrent favorise l'assainissement et l'urbanisation préférentielle de la dépression dans laquelle est installée la gare principale.

c) Le manque de place persistant incite les pouvoirs publics à :
– enterrer le Paillon, ce qui permet de construire sur une partie des terrains ainsi gagnés : le palais des Expositions, la gare routière, le théâtre, le palais des congrès, tout en améliorant les axes de communication ;
– rejeter vers le delta du Var les fonctions exigeantes en place mais non nécessaires au développement du centre-ville. On trouve ici le centre administratif, le marché d'intérêt national, le stade, et surtout l'aéroport ;
– autoriser les constructions, même à usage collectif, sur les sommets d'interfluves et surtout sur les versants de vallée ou sur la falaise morte. Le développement est très récent : les immeubles entre Caucade et Fabron (1865-993) n'existent pas sur la carte géologique de 1968.

Même si le tissu urbain le plus dense reproduit les contrastes topographiques, la croissance de la ville s'est effectuée par dépassements successifs des contraintes de sites.

B — Toutefois, les dépassements de site provoquent aussi une vulnérabilité accrue aux dangers naturels et des problèmes de gestion spatiale

a) Les problèmes de stabilité valent pour l'aéroport en raison des multiples modifications du milieu physique par l'homme *(doc. 7)*, mais aussi pour les bâtiments. La coupe B du *document 2* illustre l'hétérogénéité des poudingues pliocènes du delta du Var : l'équilibre des volumes rocheux sur ces versants déjà vigoureusement remodelés par l'homme, comme l'attestent les innombrables terrasses, ne peut qu'être localement précaire.

b) Les problèmes de gestion foncière tiennent à la spéculation que suscite le manque de place pour les terrains constructibles sans forte contrainte géotechnique et financière. Le recul des serres et des terres cultivables est illustré par l'évolution des Iscles localisés dans la vallée du Var.

Ces terres irriguées par des canaux latéraux au Var, précieuses en raison du climat et de la proximité du marché niçois, régressent face aux lotissements (1867-991 : Le Bois du Var) et aux constructions désordonnées. Le repli des terres cultivées sur les terrasses pose le problème du coût de l'accès à l'eau, alors que la pression foncière demeure.

Ces contraintes éclairent l'importance de l'urbanisation dans l'arrière-pays.

Document 7 : Les limites des atterrissements sur le littoral niçois.

« C'est sur le plateau sommital du delta sous-marin qu'ont été déversés depuis quelques années les enrochements supportant l'aéroport et actuellement ceux nécessités par les nouveaux aménagements du port de Nice. Quel est le volume de ces enrochements ? La question est difficile, car on peut se demander quelle part a roulé jusqu'au fond du canyon et quelle part a été entraînée par les courants vers le large.

La basse vallée du Var a été barrée depuis quelques années par des barrages destinés, essentiellement, à faire remonter la nappe phréatique existant sous le fleuve. Avec la remontée de cette nappe, la circulation de cette dernière s'est probablement accélérée et son débit en a peut-être été accru. Or, on ne sait pas très bien où sort cette eau douce, mais on peut supposer qu'une partie passe à travers les sédiments du delta sous-marin du Var, pour sortir en mer, entre zéro et 100 mètres de profondeur.

D'autre part, on peut se demander si la surcharge et le béton des plates-formes existant de part et d'autre de l'embouchure du Var ne gênent pas cet écoulement d'eau douce. Les sédiments surchargés doivent se comporter comme des éponges que l'on presse et produire un bombement latéral – donc un déséquilibre – sous le rebord extérieur des plates-formes.

Les barrages ont certes arrêté les éléments les plus gros des alluvions fluviales. Mais en période de crue, il est certain qu'une partie des éléments les plus légers passent avec l'eau par-dessus les barrages. Les eaux du Var assez denses, puisque chargées d'alluvions fines, sont obligées de contourner la plate-forme de l'aéroport et du port. Ce courant assez fort (1 ou 2 ou 3 kilomètres à l'heure) a pu affouiller le flanc du talus.

On peut donc imaginer que toutes ces causes de déséquilibre ont contribué à amorcer un glissement de terrain. Celui-ci aurait provoqué l'effondrement de la digue terminant la plate-forme. »

Source : *Le Monde*, « Déséquilibres et instabilité caractérisent le delta sous-marin du Var »,
19 oct. 1979, p. 15.

4.2. Le développement urbain de l'arrière-pays dans la dépendance de Nice

L'urbanisation est redevable à des caractéristiques de milieu proches de celles du littoral, mais surtout aux contraintes foncières niçoises.

A — La reconnaissance des sites de l'arrière-pays est symbolisée par la fréquentation artistique : Vence doit la notoriété touristique de la chapelle du Rosaire, individualisée sur la carte, à Matisse. Le *document 8* souligne combien Saint-Paul-de-Vence doit sa renommée aux artistes, et notamment à Chagall qui y est décédé en 1985. Le même document fait ressortir l'existence d'un musée Chagall à Nice, tout comme pour Matisse. Vence et Saint-Paul apparaissent d'autant plus comme des annexes artistiques et touristiques de la métropole, ce que le *document 6* rappelle par la précocité de la croissance démographique pour ces deux communes.

B — L'urbanisation est appuyée par la localisation des centres de recherche (commune de La Gaude) qui évoque la présence proche de Sophia-Antipolis. La recherche du calme dans un cadre jugé agréable coïncide avec la nécessité de trouver des terrains libres, étendus, à un coût foncier moindre que celui des communes littorales. La proximité de l'aéroport de Nice comme de son université fait ressortir la dépendance.

C — L'urbanisation peut bénéficier indirectement de la floriculture, qui se trouve réutilisée par le tourisme. Les cultures sous serre limitent le risque de gelée plus élevé : on en trouve jusqu'à 450 m en adret, sur la commune de Vence. Il faut souligner tout ce que cette culture doit à la présence niçoise : centres de recherche (Institut national de la recherche agronomique, 990-1870), valorisation touristique ponctuelle et publicité (marché aux fleurs, festivals, parfumerie), marché d'intérêt national et aéroport pour les expéditions. Le développement de l'activité dans l'arrière-pays évite les inconvénients du coût foncier tout en conservant les avantages liés à la présence d'une métropole.

D — L'annexe de la Riviera est également le lieu d'implantation pour les activités rejetées car nuisibles, ce qui réduit ponctuellement l'avantage esthétique des communes de l'arrière-pays et pose des problèmes de compatibilité avec les activités précédentes. Notons la piste de motocross peu éloignée du centre de recherche de La Gaude, l'usine de traitement des ordures ménagères (1003-1872), les postes électriques et les lignes à haute tension, qui constituent autant d'indices de dépendance par rapport à la Riviera, et surtout à Nice.

Conclusion

La carte fait ressortir le développement progressif et inégal d'une riviera sur un littoral contrasté, en fonction de l'évolution des centres d'intérêt humains.

1. Le dépassement successif des sites niçois l'illustre, avec une toponymie très révélatrice : la promenade des Anglais pousse la ville à s'étendre sur le littoral à lido avec l'évolution des modes, puis la Californie apparaît, dans le territoire communal, comme une nouvelle frontière à l'ouest, où l'espace disponible existe. Dans le premier cas, il faut assainir les paluds, dans le second, il faut en plus s'exposer aux crues du Var. Quant à l'Acropolis, il ne désigne pas le relief protecteur du « Château », mais, par une intéressante évolution sémantique, un palais des congrès sur le cours enterré du Paillon. Belle revanche apparente des Niçois sur le danger des crues, le lieu répulsif, utilisé pour la défense, est devenu un lieu attractif, central.

2. Ce dépassement des contraintes physiques au développement pose néanmoins des problèmes de gestion foncière : le recul des cultures sur terrasses, la vulnérabilité accrue aux dangers naturels, l'urbanisation accentuée de l'arrière-pays. Le cas de Monaco illustre cette volonté constante de s'affranchir des contraintes physiques, par la hardiesse des constructions récentes sur les falaises vives (palais des congrès) ou des atterrissements de Fontvieille en dépit du danger séismique. Seuls les moyens financiers de la principauté l'autorisent, tout comme

la volonté politique qui impose le maintien d'un grand prix de formule 1 en milieu urbain.

3. En fonction des besoins touristiques évolutifs et des propositions physiques, les communes littorales de l'ouest de la carte, touchées plus tardivement par le développement de la Riviera, présentent parfois une répartition des hommes et des activités plus structurée que dans les communes à l'est de Nice. Il faut y voir la volonté de gestion foncière récente que traduisent les plans d'occupation des sols dans certaines communes.

Document 8 : Chagall et la Riviera

« *Vence (1950-1956)-Saint-Paul (1966).* De retour en France, il s'installe à Vence en 1950 ; de nouvelles techniques le sollicitent (céramique et sculpture) et Paris lui inspire une série de tableaux (1953-1956), rêveries poétiques d'une couleur diffuse et cendrée (les *Ponts de la Seine, 1953, New York, coll. part.) [...].*

En juillet 1973, un musée Chagall a été inauguré à Nice. Il est consacré au "Message biblique" et comprend principalement 17 tableaux et leurs esquisses préparatoires, exécutés de 1954 à 1967, les 39 gouaches inspirées par la Bible en 1931, les 105 planches de la Bible gravée (avec les cuivres originaux) et 75 lithographies. L'art de Chagall intègre avec aisance la mobilité affective du fonds slave et judaïque à l'esprit rationnel de l'Occident. »

Source : *Petit Larousse de la peinture,*
article « Chagall », t. I, 1979.

Index

Table des matières

Crédits photographiques :
page 59 : Marc Robin ; p. 64 : SPOT Image ; p. 96 : Patrick Pigeon ; p. 142 : I.G.N.

Secrétariat d'édition : Carole Hardoüin
Mise en page et réalisation P.A.O. : G.L.J Conseil
Cartographie : Sylvine Bouvry et Christiane Bourbon

Achevé d'imprimer
par MAME Imprimeurs à Tours (n° 00062119)
N° Éditeur 10078202 I (1.2) OSBM 80
Août 2000